全国交通运输职业教育高职新能源汽车运用与维修专业规划教材

Xinnengyuan Qiche Dianzi Dianli Fuzhu Xitong
新能源汽车电子电力辅助系统

全国交通运输职业教育教学指导委员会　组织编写
李丕毅　主　编
李丽娜　主　审

人民交通出版社股份有限公司
China Communications Press Co.,Ltd.

内 容 提 要

本书为全国交通运输职业教育高职新能源汽车运用与维修专业规划教材。全书分为三个模块,主要内容有:新能源汽车底盘电气系统、新能源汽车整车电气系统、新能源汽车驾驶辅助系统。

本书可作为高职高专院校新能源汽车运用与维修专业的教学用书,也可作为新能源汽车技术人员的培训教材,以及新能源汽车专业师资培训教材。

图书在版编目(CIP)数据

新能源汽车电子电力辅助系统/全国交通运输职业教育教学指导委员会组织编写;李丕毅主编. —北京:人民交通出版社股份有限公司,2018.3
ISBN 978-7-114-14499-8

Ⅰ.①新… Ⅱ.①全…②李… Ⅲ.①新能源—汽车—电子系统②新能源—汽车—电力系统 Ⅳ.①U469.703

中国版本图书馆 CIP 数据核字(2018)第 013378 号

书　　名:新能源汽车电子电力辅助系统
著　作　者:李丕毅
责任编辑:张一梅
出版发行:人民交通出版社股份有限公司
地　　址:(100011)北京市朝阳区安定门外外馆斜街 3 号
网　　址:http://www.ccpress.com.cn
销售电话:(010)59757973
总　经　销:人民交通出版社股份有限公司发行部
经　　销:各地新华书店
印　　刷:北京市密东印刷有限公司
开　　本:787×1092　1/16
印　　张:6
字　　数:130 千
版　　次:2018 年 3 月　第 1 版
印　　次:2018 年 3 月　第 1 次印刷
书　　号:ISBN 978-7-114-14499-8
定　　价:15.00 元

(有印刷、装订质量问题的图书由本公司负责调换)

全国交通运输职业教育高职新能源汽车运用与维修专业规划教材编审委员会

陈文华（浙江交通职业技术学院）

张京伟（中国汽车维修行业协会）

王凯明（中国汽车维修行业协会）

魏俊强（北京祥龙博瑞汽车服务集团）

官海兵（江西交通职业技术学院）

钱锦武（云南交通职业技术学院）

张　利（北京交通运输职业学院）

缑庆伟（北京交通运输职业学院）

李丕毅（上海交通职业技术学院）

仇　鑫（上海交通职业技术学院）

侯　涛（云南交通职业技术学院）

朱学军（河南交通职业技术学院）

张俊停（河南交通职业技术学院）

夏令伟（上海中锐教育投资有限公司）

朱　军（中国汽车维修行业协会）

周志国（浙江交通职业技术学院）

李丽娜（天津交通职业学院）

蔺宏良（陕西交通职业技术学院）

张宏坤（山东交通职业学院）

许建忠（北京汇智慧众汽车技术研究院）

李　斌（人民交通出版社股份有限公司）

翁志新（人民交通出版社股份有限公司）

前　言

为落实国务院印发的《节能与新能源汽车产业发展规划(2012—2020年)》精神,适应我国新能源汽车快速发展的形势,满足新能源汽车技术人才需求,全国交通运输职业教育教学指导委员会组织来自交通职业技术院校的专业教师,按照《新能源汽车运用与维修专业教学标准》的要求,紧密结合目前新能源汽车运用与维修专业教学需求,编写了全国交通运输职业教育高职新能源汽车运用与维修专业规划教材。

在本系列教材启动之初,全国交通运输职业教育教学指导委员会组织召开了新能源汽车运用与维修专业教材编写大纲审定会,邀请行业内专家对该专业的课程体系和教材编写大纲进行了审定。教材初稿完成后,每种教材由一名企业专家或专业教师进行主审,编写团队根据主审意见修改后定稿,实现了对书稿编写全过程的严格把关。

本系列教材在编写过程中,认真总结了全国交通职业院校的专业建设经验,注意吸收发达国家先进的职业教育理念,具有以下特色:

1. 与专业教学标准紧密衔接,较多地体现了新技术、新工艺、新方法,满足新能源汽车运用与维修专业高技能人才培养的需要。

2. 尽量以多数高职院校配置的新能源车型为载体进行讲解,具有较广的适用性。

3. 采用模块式编写体例,围绕学习目标,聚焦知识和技能培养,体现行动导向的教学观,使培养过程实现"理实一体"。

4. 所有教材配有电子课件,部分教材的知识点,以二维码链接动画或视频资源,易教易学。

《新能源汽车电子电力辅助系统》是本系列教材之一。参加本教材编写工作的有：上海交通职业技术学院李丕毅（编写模块一）；上海交通职业技术学院仇鑫、陈奇羡（编写模块二）；上海交通职业技术学院缪巧军、陈周亮、赵飞（编写模块三）。全书由上海交通职业技术学院李丕毅担任主编，天津交通职业学院李丽娜担任主审。

限于编者水平，书中难免有疏漏和错误之处，恳请广大读者提出宝贵建议，以便进一步修改和完善。

全国交通运输职业教育教学指导委员会
2017 年 11 月

目 录

模块一 新能源汽车底盘电气系统 ·· 1
 一、新能源汽车变速驱动桥 ·· 1
 二、新能源汽车电控制动系统 ······································ 23
 三、新能源汽车电动助力转向系统（EPS）······················· 33
 技能实训 ··· 36
 模块小结 ··· 37
 思考与练习 ·· 38

模块二 新能源汽车整车电气系统 ·· 39
 一、新能源汽车电子空调系统 ······································ 39
 二、新能源汽车总线系统 ··· 42
 三、新能源汽车车载互联一体机组成 ······························ 57
 技能实训 ··· 58
 模块小结 ··· 60
 思考与练习 ·· 60

模块三 新能源汽车驾驶辅助系统 ·· 62
 一、新能源汽车车道偏离系统 ······································ 62
 二、新能源汽车疲劳预警系统 ······································ 74
 三、新能源汽车自适应照明系统 ··································· 77
 技能实训 ··· 81
 模块小结 ··· 82
 思考与练习 ·· 83

参考文献 ·· 85

模块一 新能源汽车底盘电气系统

 学习目标

1. 掌握新能源汽车变速驱动桥结构及工作原理;
2. 了解新能源汽车电控制动系统结构及工作原理;
3. 了解新能源汽车电动助力转向系统结构及工作原理;
4. 新能源汽车技能实训。

 建议课时:**16** 课时。

一、新能源汽车变速驱动桥

(一)新能源汽车变速驱动桥结构

1. 纯电动汽车电力驱动控制系统的组成

电动汽车电力驱动控制系统按工作原理可分为车载电源模块、电力驱动主模块和辅助模块三大部分,如图 1-1 所示。

1)车载电源模块

车载电源模块主要由蓄电池电源、能源管理系统和充电控制器三部分组成。

(1)蓄电池电源。蓄电池是纯电动汽车的唯一能源,它除了供给汽车驱动行驶所需的电能外,也是供应汽车上各种辅助装置的工作电源。蓄电池在车上安装前需要通过串并联的方式组合成所要求的电压等级,由于电动机驱动所需的等级电压往往与辅助装置的电压要求不一致,辅助装置所要求的一般为 12V 或 24V 的低压电源,而电动机驱动一般要求为高压电源,并且所采用的电动机类型不同,其要求的电压等级也不同。为满足该要求,可以用多个 12V 或 24V 的蓄电池串联成 96~384V 高压直流电池组,再通过 DC/DC 转换器供给所需的不同电压。也可以按所需要求的电压等级,直接由蓄电池组成不同电压等级的电池组,不过这样会给充电和能源管理带来相应的麻烦。另外,由于制造工艺等因素,即使同一批量的蓄电池其电解液浓度和性能也会有所差异,所以在安装电池组之前,要求对各个蓄电池进行认真的检测并记录,尽可能把性能接近的蓄电池组合成同一组,这样有利于动力电池组性能的稳定和延长使用寿命。

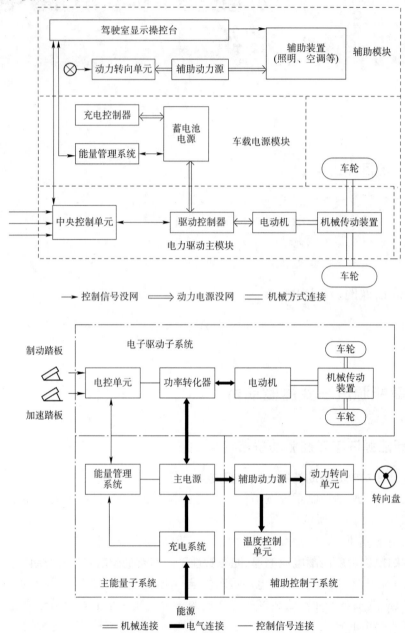

图1-1 纯电动汽车电动控制系统组成

(2)能源管理系统。能源管理系统的主要功能是在汽车行驶中进行能源分配,协调各功能部分工作的能量管理,使有限的能量源最大限度地得到利用。能源管理系统与电力驱动主模块的中央控制单元配合一起控制发电回馈,使在电动汽车降速制动和下坡滑行时进行能量回收,从而有效地利用能源,提高电动汽车的续程能力。能源管理系统还需与充电控制器一同控制充电。为提高蓄电池性能的稳定性和延长使用寿命,需要实时监控电源的使用情况,对蓄电池的温度、电解液浓度、蓄电池内阻、电池端电压、当前电池剩余电量、放电时间、放电电流或放电深度等蓄电池状态参数进行检测,并按蓄电池对环境温度的要求进行调温控制,通过限流控制避免蓄电池过充、放电,对有关参数进行显示和报警,其信号流向辅助模块的驾驶室显示操纵台,以便驾驶人随时掌握配合其操作,按需要及时对蓄电池充电并进行维护。

(3)充电控制。充电控制器是把电网供电制式转换为对蓄电池充电要求的制式,即把交流电转换为相应电压的直流电,并按要求控制其充电电流。充电器开始时为恒流充电阶段。当电池电压上升到一定值时,充电器进入恒压充电阶段,输出电压维持在相应值,充电器进入恒压充电阶段后,电流逐渐减小。当充电电流减小到一定值时,充电器进入涓流充电阶段。还有采用脉冲式电流进行快速充电。

2)电力驱动模块

电力驱动主模块主要由中央控制单元、驱动控制器、电动机、机械传动装置等组成。由于加速踏板、制动踏板等操纵装置对于汽车驾驶人来说,是十分熟悉和习惯使用的操纵装置。为适应驾驶人的操纵习惯,电动汽车仍保留了加速踏板、制动踏板及有关操纵手柄或按钮等。不过在电动汽车上是将加速踏板、制动踏板的机械位移量转换为相应的电信号,输入中央控制单元来对车辆的行驶实行控制。对于离合器除了采用前述驱动结构中第一种传统的驱动模式外就都省去了。而对于挡位变速杆为遵循驾驶人的传统习惯,一般仍需保留,同样除了传统的驱动模式也就只有前进挡、空挡、倒挡三个挡位,并且以开关信号传输到中央控制单元来对汽车进行前进、停车、倒车控制。

(1)中央控制单元。中央控制单元不仅是电力驱动主模块的控制中心,也要对整辆电动汽车的控制起到协调作用。它根据加速踏板与制动踏板的输入信号,除了向驱动控制器发出相应的控制指令,对电动机进行起动、加速、功率、电压、电流及有关故障诊断等信息外,还需传输到辅助模块的驾驶室显示操纵台进行相应的数字或模拟显示,也可采用液晶屏幕显示来提高其信息量。另外,如驱动采用轮毂电机分散驱动方式,当汽车转弯时,中央控制器也需与辅助模块的动力转向单元配合,即控制左右轮毂电机来实行电子差速转向。为减少电动汽车各个控制部分间的硬件连线,提高可靠性,现代汽车控制系统已较多地采用了微机多 CPU 总线控制方式,特别是对于采用轮毂电机进行 4WD 前后四轮驱动控制的模式,更需要运用总线控制技术,来简化电动汽车内部线路的布局,提高其可靠性,也便于故障诊断和维护,并且采用该模块化结构,一旦技术成熟其成本也将随批量的增加而大幅下降。

(2)驱动控制器。驱动控制器功能是按中央控制单元的指令和电动机的速度、电流反馈信号,对电动机的速度、驱动转矩和旋转方向进行控制。驱动控制器与电动机必须配套使用,目前对电动机的调速主要采用调压、调频等方式,这主要取决于所选用的驱动电动机类型。由于蓄电池以直流电方式供电,所以对直流电动机主要是通过 DC/DC 转换器进行调压调速控制的;而对于交流电动机需通过 DC/AC 转换器进行调频调压矢量控制;对于磁阻电动机是通过控制其脉冲频率来进行调速的。当汽车进行倒车行驶,需通过驱动控制器使电动机反转来驱动车轮反向行驶。当电动汽车处于降速和下坡滑行时,驱动控制器使电机运行于发电状态,电机利用其惯性发电,将电能通过驱动控制器回馈给蓄电池,所以驱动控制器与蓄电池电源的电能流向是双向的。

(3)电机。电机在电动汽车中被要求承担着电动机和发电机的双重功能,即在正常行驶时发挥其主要的电动机功能,将电能转化为机械旋转能;而在降速和下坡滑行时又被要求进行发电,将车轮的惯性动能转换为电能。众所周知,对电机的选型一定要根据其负载特性来选,通过对汽车行驶时的特性分析,可知汽车在起步和上坡时要求有较大的起动转矩和相当的短时过载能力,并有较宽的调速范围和理想的调速特性,即在起动低速时为恒转矩输出,在高速时为恒功率输出。电动机与驱动控制器所组成的驱动系统是电动汽车中最为关键的部件,电动汽车的运行性能主要取决于驱动系统的类型和性能,它直接影响着车辆的各项性能指标,如车辆在各工况下的行驶速度、加速与爬坡性能以及能源转换效率。

(4)机械传动装置。电动汽车传动装置的作用是将电动机的驱动转矩传输给汽车的驱动轴,从而带动汽车车轮行驶。由于电动机本身就具有较好的调速特性,其变速机构可被大大简化,较多的是为放大电动机的输出转矩仅采用一种固定的减速装置。又因为电动机可带负载直接起动,即省去了传统内燃机汽车的离合器。并由于电动机可以容易地实现正反向旋转,所以也无须通过变速器中的倒挡齿轮组来实现倒车。对电动机在车架上合理布局,即可省去传动轴、万向节等传动链。当采用轮毂式电动机分散驱动方式时,又可以省去传统汽车的驱动桥、机械差速器、半轴等一切传动部件,所以该驱动方式也可以被称为"零传动"方式。电动汽车传动装置按所选驱动结构可以有多种组合方式,前述第二部分已对典型的四种基本方式的结构组成进行了描述。

3)辅助模块

辅助模块包括辅助动力源、动力转向单元、驾驶室显示操纵台和各种辅助装置等。各个装置的功能与传统汽车上的基本类同,其结构原理按电动汽车的特点有所区别。

(1)辅助动力源。辅助动力源是供给电动汽车其他各种辅助装置所需的动力电源,一般为12V或24V的直流低电压电源,它主要给动力转向、制动力调节控制、照明、空调、电动窗门等各种辅助装置提供所需的能源。

(2)动力转向单元。转向装置是为实现汽车的转弯而设置的,它由转向盘、转向器、转向机构和转向轮等组成。作用在转向盘上的控制力,通过转向器和转向机构使转向轮偏转一定的角度,实现汽车的转向。为提高驾驶人的操控性,现代汽车都采用了动力转向,较理想的是采用电子控制动力转向系统EPS。电子控制动力转向系统主要有电控液力转向系统和电控电动转向系统两类,对于纯电动汽车较适于选用电控电动转向系统。多数汽车为前轮转向,而工业用电动叉车常采用后轮转向,为提高汽车转向时的操纵稳定性和机动性,较理想的是采用四轮转向系统,而对于采用轮毂式电动机分散驱动的电动汽车,由于电机控制响应速度的提高,可更容易地实现四轮电子差速转向控制。另外,为配合转弯时左右两侧车轮有相应的差速要求,还须同时控制电子差速器协调工作。

(3)驾驶室显示操纵台。它类同于传统汽车驾驶室的仪表盘,不过其功能根据电动汽车驱动的控制特点有所增减,其信息指示更多地选用数字或液晶屏幕显示。它与前述电力驱动主模块中的中央控制单元结合,用计算机进行控制。万向电动汽车有限公司已经为此研发了纯电动汽车专用的数字化电控系统,它是以CAN总线、嵌入式技术为核心的数字化整车电控系统,GPS/GPRS集成到车载信息系统,提升电动汽车档次,符合环保时尚消费理念。

(4)辅助装置。电动汽车的辅助装置主要有照明、各种声光信号装置、车载音响设备、空调、刮水器、风窗除霜清洗器、电动门窗、电控玻璃升降器、电控后视镜调节器、电动座椅调节器、车身安全防护装置等。它们主要是为提高汽车的操控性、舒适性、安全性而设置的,有些是必要的,有些是可选的。与传统汽车一样,大都有成熟的专用配件供应,不过,选用时应考虑到纯电动汽车能源不富裕的特点,特别是空调所消耗的能量比较大,应尽可能从节能方面考虑。另外,对于有些可用液压或电动两种方式来控制的装置,一般选用电动控制装置较为方便。

2. 混合动力系统结构认识

普锐斯混合动力汽车的混合动力系统(Toyota Hybrid System,THS-Ⅱ),使用汽油机和电动机两种动力,通过串行和并行相结合的方式进行工作,达到高效率、低排放的效果。

普锐斯混合动力系统的主要部件在车上的位置如图1-2、图1-3所示。

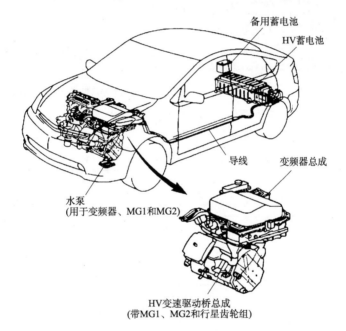

图1-2　普锐斯混合动力系统主要部件位置图

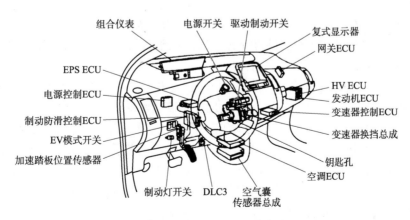

图1-3　普锐斯混合动力系统主要部件位置图

1) HV 变速驱动桥

混合动力车辆(HV)变速驱动桥由发电机(MG1)、电动机(MG2)和行星齿轮组组成,如图 1-4 所示。

图 1-4　HV 变速驱动桥结构剖面图

(1) 发电机(MG1)。发电机(MG1)由发动机带动旋转产生高压电以操作电动机(MG2)或为 HV 蓄电池充电。同时,它还可以作为起动机起动发动机。

(2) 电动机(MG2)。由发电机(MG1)或 HV 蓄电池的电能驱动,产生车辆动力。制动期间或制动踏板未被踩下时,它产生电能为 HV 蓄电池再次充电(再生制动控制)。

(3) 行星齿轮组。以适当的比例分配发动机驱动力来直接驱动车辆和发电机(MG1),如图 1-4 所示。

发电机(MG1)和电动机(MG2)结构紧凑、质量轻、高效,为交流永磁铁同步型电动/发电机,见表 1-1。

Prius 发电机(MG1)和电动机(MG2)技术参数　　　表 1-1

项　目	发电机(MG1)	电动机(MG2)
类型	永磁铁交流同步电动机	永磁铁交流同步电动机
功能	发电机、发动机的起动机	发电机、驱动车轮
最高电压(V)	AC500	AC500
最大输出功率[kW/(r/min)]	37.8/9500	50/1200~1540
最大转矩[N·m/(r/min)]	45/0~6000	400/0~1200
最大转矩时的电流值(A)	75	230
最大转速(r/min)	10000	6700
冷却系统	水冷	水冷

在必要时,电动机/发电机(MG2)作为辅助动力源为发动机提供辅助动力。使车辆达到优良的动态性能,其中包括平稳起步和加速。起动再生制动后,电动机/发电机(MG2)将车辆的动能转换为电能并储存在 HV 蓄电池中。

发电机(MG1)为 HV 蓄电池充电并为电动机/发电机(MG2)供电之外,还通过调节发电量(改变发电机的转速),发电机(MG1)有效地控制变速驱动桥的连续可变变速器的功能。

发电机(MG1)和电动机(MG2)为永磁电动机,其三相交流电经过定子线圈的三相绕组时,电动机内产生旋转磁场,如图 1-5 所示。通过以转子的旋转位置和转速控制旋转磁场从而使转子的永磁铁受到旋转磁场的吸引产生转矩,产生的转矩可用于与电流相匹配的所有用途,而转速由交流电的频率控制。此外,通过对旋转磁场和转子磁铁的角度作适当的调整,可以产生较大的转矩和较高的转速。

发电机(MG1)和电动机(MG2)的电路如图 1-6 所示。

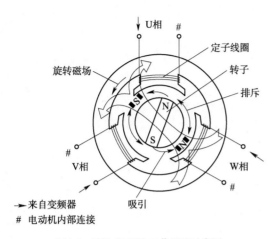

图 1-5 MG1 和 MG2 工作原理示意图　　图 1-6 MG1 和 MG2 电路图

2）变频器总成

变频器总成将 HV 蓄电池高压 DC(HV 蓄电池)转换为三相交流电来驱动发电机（MG1）和电动机（MG2）。功率晶体管的启动由 HV ECU 控制。此外,变频器将用于电流控制（如输出电流或电压）的信息传输到 HV ECU。变频器和发电机（MG1）、电动机（MG2）一起,由发动机冷却系统分离的专用散热器冷却。如果车辆发生碰撞,安装在变速器内部的断路器传感器会检测到碰撞信号从而关停系统,如图 1-7 所示。

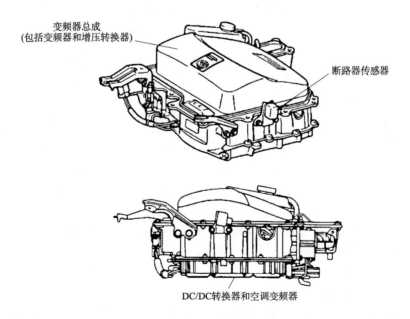

图 1-7 变频器总成

变频器总成中的增压转换器将 HV 蓄电池 DC201V 的额定电压提升到 DC500V,提升电压后,变频器将直流电转换为交流电。

发电机（MG1）、电动机（MG2）桥电路和信号处理/保护功能处理器已集成在 IPM(智能功率模块)中,如图 1-8 所示,以提高车辆性能。

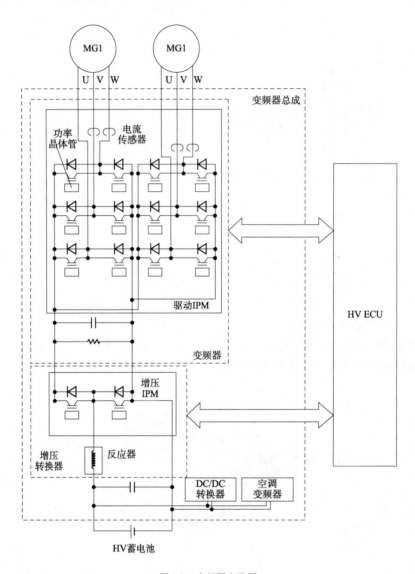

图1-8 变频器电路图

(1)增压转换器。将HV蓄电池输出的额定电压DC201V增压到DC500V的最高电压,如图1-9所示。转换器包括IPM(智能功率模块)、IGBT(绝缘栅双极晶体管)。通过这些组件,转换器将电压升高。

发电机(MG1)或电动机(MG2)作为能源工作时,变频器通过其将交流电(AC201～500V)转换为直流电,然后增压转换器将其降低到DC201V,为HV蓄电池充电,如图1-10所示,电压的调节由IGBT(绝缘栅双极晶体管)完成。

(2)DC/DC转换器。车辆的辅助设备,如车灯、音响系统、空调系统(除空调压缩机)和ECU,都由DC12V的供电系统供电。由于THS-Ⅱ发电机输出额定电压为DC201V,因此,需要转换器将电压降低到DC12V来为辅助蓄电池充电,如图1-11所示。DC/DC转换器安装于变频器的下部。

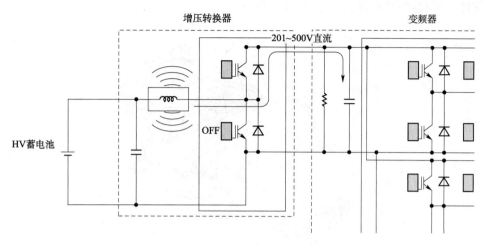

图 1-9 增压转换器升压原理图

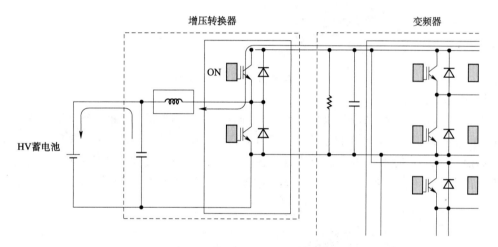

图 1-10 增压转换器 MG1 或 MG2 向 HV 蓄电池充电原理图

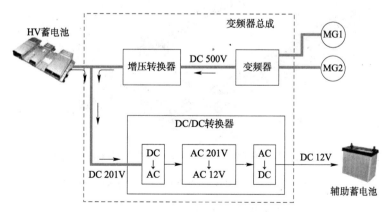

图 1-11 DC/DC 转换器原理示意图

（3）冷却系统。车辆采用了配备有水泵的发电机（MG1）和电动机（MG2）冷却系统，而且将其与发动机冷却系统分开，如图 1-12 所示。冷却系统的散热器集成在发动机的散热器中。这样,散热器的结构得到简化,空间也得到有效利用。

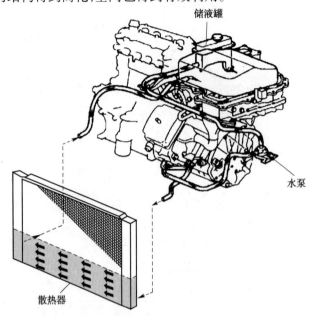

图 1-12　变频器、MG1 和 MG2 的冷却系统

3) HV 蓄电池

Prius 混合动力系统采用镍氢(Ni-MH)电池作为 HV 蓄电池,其每一个模块由 6 个串联的 1.2V 电池组成,且用 28 个模块串联成 201V 高压蓄电池,其结构如图 1-13 所示。该电池具有高能、质量小、使用时间较长的特点。在汽车的正常使用过程中,THS-Ⅱ系统通过充放电来保持 HV 蓄电池 SOC(荷电状态)为恒定值,因此,车辆可以不需要外部设备来充电。

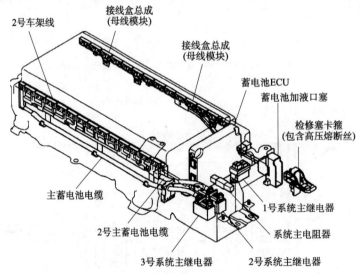

图 1-13　HV 蓄电池结构图

HV 蓄电池在充放电过程中会散发热量,为了保证蓄电池正常工作,HV 蓄电池 ECU 通过控制冷却风扇来进行散热,如图 1-14 所示。在工作时,蓄电池 ECU 根据 HV 蓄电池内部 3

个蓄电池温度传感器和进气温度传感器给出的信号,将 HV 蓄电池温度控制在合适的范围。

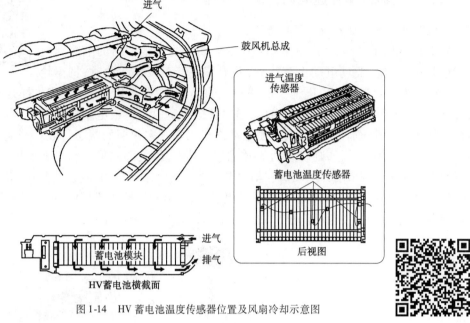

图 1-14　HV 蓄电池温度传感器位置及风扇冷却示意图

HV 蓄电池有检修塞,在对蓄电池进行检查或维修时拆下检修塞,以切断 HV 蓄电池的高压电路。高压电路的主熔断丝位于检修塞总成的内部。

4) 高压电线

高压电线将变频器与 HV 蓄电池、发电机(MG1)、电动机(MG2)以及空调压缩机等部件相连,用以传输高电压、大电流。高压电线一端接在行李舱中 HV 蓄电池左前连接器上,而另一端从后排座椅下经过,穿过底板并沿着底板下加强件一直连接到发动机舱中的变频器,如图 1-15 所示。高压动力线被屏蔽,可减少电磁干涉。辅助蓄电池的 DC12V 配线排布与电压电线相同。高压线束和接头都采用醒目的橙色,以示与普通低压线束的区别。

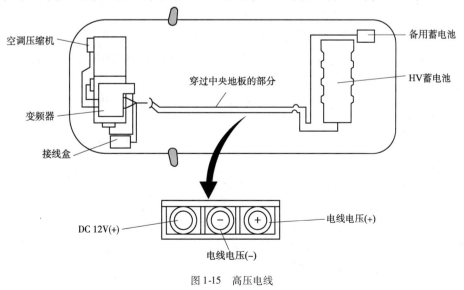

图 1-15　高压电线

(二)新能源汽车变速驱动桥工作原理

1. 纯电动汽车驱动系统的工作原理

如图 1-16 所示,纯电动汽车驱动系统能够将动力电池输出的电能转换为车轮上的机械能,驱动电动汽车行驶,并能够在汽车减速制动时,将车轮的动能转化为电能充入动力电池。以驾驶人的操作(主要是以加速踏板位置的操作)为输入,经过驱动系统电子控制器的变换后,输出转矩给定值提供给电动机逆变器,电动机逆变器控制驱动电动机的输出转矩,从而使电动汽车以驾驶人预期的状态行驶。当电子控制器同时收到制动和加速信号,则以制动信号优先。其中,最关键的是电动机逆变器,电动机逆变器的主要功能是调节动力电动机和动力电池之间的电流频率和幅值,使其达到匹配,将动力电池的直流电逆变成交流电提供给驱动电动机,将电能转换成机械能,电动机输出的转矩经传动系统驱动车轮,使电动汽车行驶。其驱动模式如图 1-17 所示。

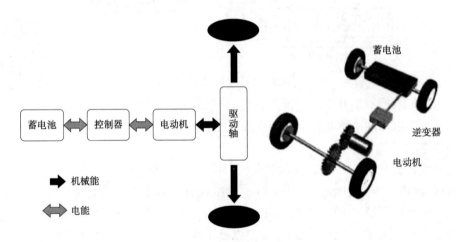

图 1-16 纯电动汽车驱动系统工作原理

2. 混合动力系统工作原理

Prius 混合动力系统(THS-Ⅱ系统)使用发动机和电动机(MG2)提供的两种动力,并使用 MG1 作为发电机。发动机、MG1 和 MG2 使用行星齿轮组连接(图 1-18),系统根据车辆使用状况始终优化组合这两种动力。

Prius THS-Ⅱ系统在车辆不同行驶状况时,对发动机、发电机(MG1)和电动机(MG2)的控制过程阐述如下。

发电机(MG1)以发电为主,在行星架之前,连接并驱动太阳轮,为动力输入端,转速和转矩可变,它有 3 个功能:

(1)改变驱动传动比,输出的动力必为"低速挡"。

(2)它不通电驱动时,又可变为小发电机,可对 HV 蓄电池和 MG2 充电和供电。

(3)在汽车静止时,它通电转动,驱动行星架,成为发动机的起动机。

电动机(MG2)以驱动为主,在行星架之后,连接并驱动齿圈和传动链,也为动力输入端,转速和转矩亦可变,它也有 3 个功能:

(1)通电后驱动齿圈和传动链,输出的动力必为"中速挡"。
(2)转速和转矩可变,控制驱动桥的传动比连续变化。
(3)滑行和制动时,反拖起动再生功能,变为大发电机,对 HV 蓄电池充电。

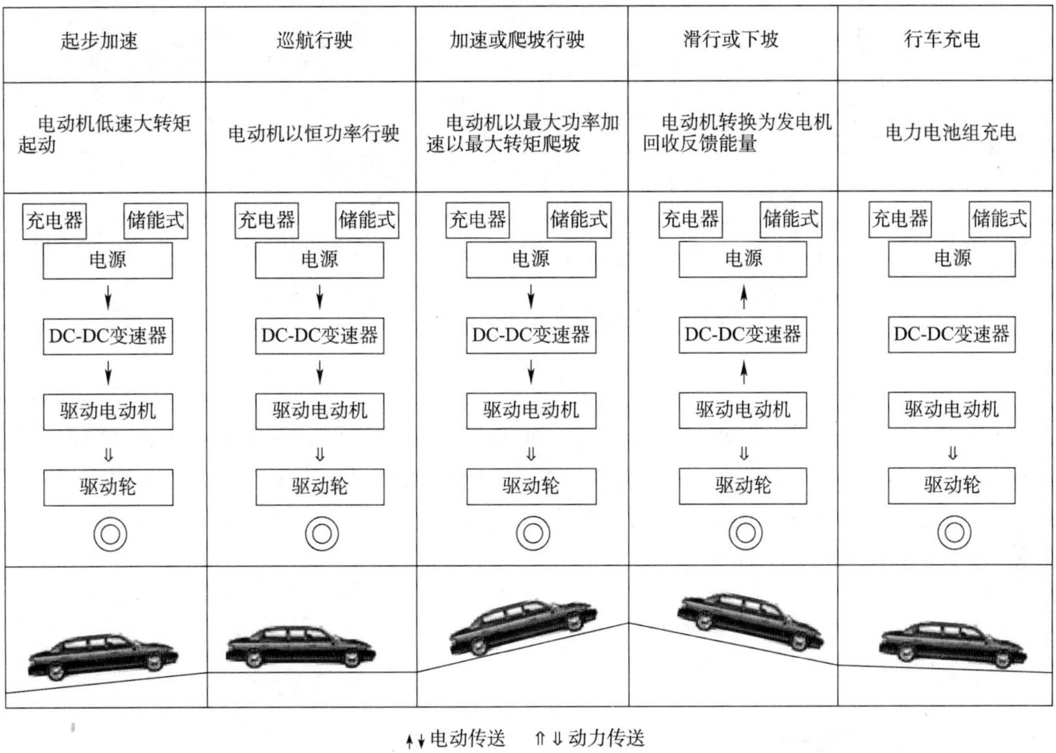

起步加速	巡航行驶	加速或爬坡行驶	滑行或下坡	行车充电
电动机低速大转矩起动	电动机以恒功率行驶	电动机以最大功率加速以最大转矩爬坡	电动机转换为发电机回收反馈能量	电力电池组充电

↕电动传送　⇅动力传送

图 1-17　纯电动汽车驱动模式

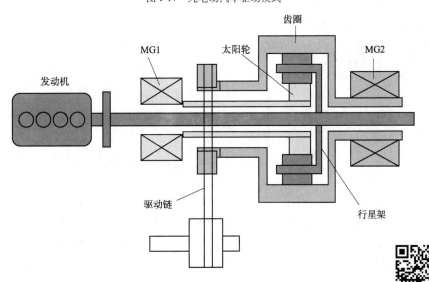

图 1-18　行星齿轮组与发动机、MG1 和 MG2 连接关系示意图

发动机连接行星架,因是"双动力源"驱动,具有能量互补作用。

车辆模拟行驶状况如图 1-19 所示,图中 A 表示仪表板上"READY"灯亮;B 表示起动;C 表示发动机微加速;D 表示小负荷巡航;E 表示节气门全开加速;F 表示减速行驶;G 表示倒车。

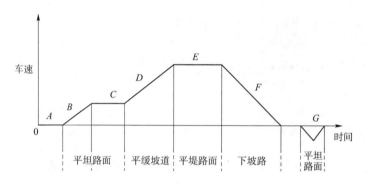

图 1-19 车辆行驶状况图

根据相对运动关系可以非常方便地用模拟杠杆来表示行星齿轮组各部件的转速关系。杠杆的 3 个节点的相对位置由太阳轮(MG1)与齿圈(MG2)的齿数确定,相对于水平基准位置,同侧表示运转方向相同、异侧表示运转方向相反,相对于基准位置的高度(垂直位移)相似于转速,如图 1-20、图 1-21 所示。

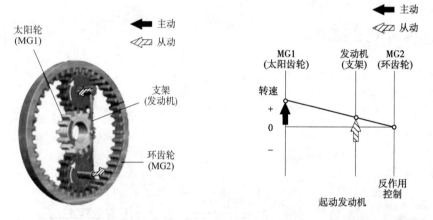

图 1-20 Prius 行星齿轮组　　　图 1-21 表示行星轮系角速度关系模拟杠杆图

1)准备起动状态(图 1-19 中的 A 阶段)

如果冷却液温度、SOC 状态、蓄电池温度和电载荷不满足条件,即使驾驶人按下"POWER"开关,"READY"指示灯打开,发动机也不会运转。

起动发动机,仪表板上的"READY"指示灯亮、车辆处于"P"挡或者"R"挡时,如果 HV ECU 监视的任何项目均正常,HV ECU 起动发电机(MG1),从而起动发动机。

运行期间,为防止发电机(MG1)的太阳轮的反作用力转动电动机(MG2)的齿圈并驱动车轮,电动机(MG2)上通以电流,施加制动,如图 1-22、图 1-23 所示。这个功能称为反作用控制。

然后状态中,运转中的发动机驱动发电机(MG1),为 HV 蓄电池充电,如图 1-24、图 1-25 所示。

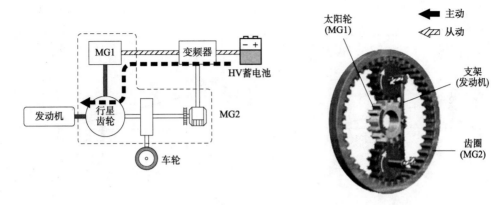

图 1-22 准备起动状态

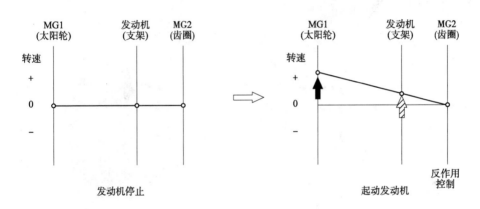

图 1-23 准备起动状态行星轮系模拟杠杆图

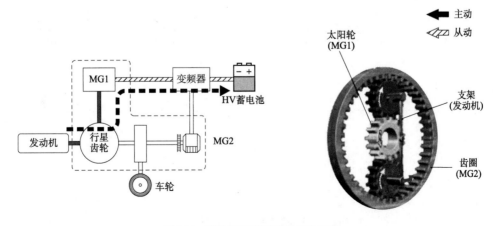

图 1-24 起动后向 HV 蓄电池充电状态

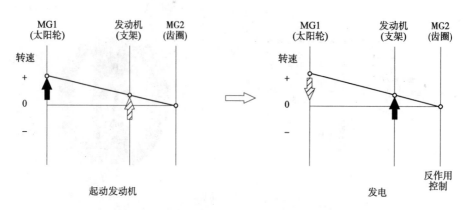

图 1-25 起动后蓄电池充电状态行星轮系模拟杠杆图

2）起步工况（图 1-19 中的 B 阶段）

电动机（MG2）驱动车辆起步后，车辆仅由电动机（MG2）驱动。这时，发动机保持停止状态，发电机（MG1）以反方向旋转而不发电，如图 1-26、图 1-27 所示。

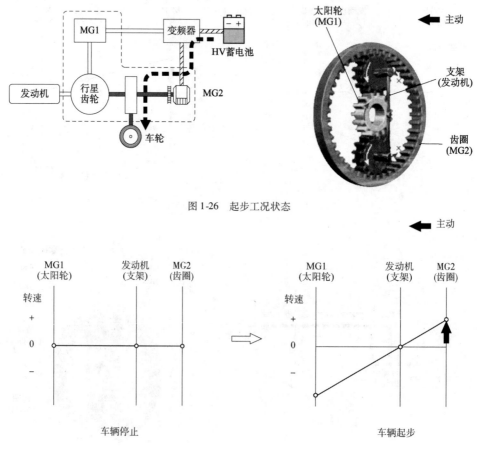

图 1-26 起步工况状态

图 1-27 起步工况状态行星轮系模拟杠杆图

起动发动机,只有电动机(MG2)工作时,如果需增加驱动转矩,发电机(MG1)将被起动,进而起动发动机。同样,如果 HV ECU 监视的任何项目,如冷却液温度、SOC 状态、蓄电池温度和电载荷状态与规定值有偏差,发电机(MG1)将被起动,进而起动发动机,如图 1-28、图 1-29 所示。

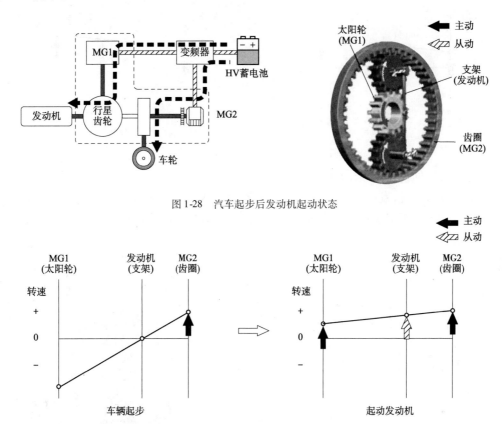

图 1-28　汽车起步后发动机起动状态

图 1-29　汽车起步后发动机起动状态行星轮系模拟杠杆图

然后状态中,已经起动的发动机将发电机(MG1)为 HV 蓄电池充电。如果需要增加所需驱动转矩,发动机将带动发电机(MG1)运转并转变为"发动机微加速"模式,如图 1-30、图 1-31 所示。

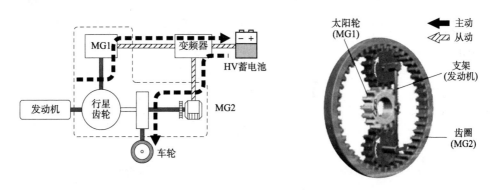

图 1-30　汽车起步后发动机驱动发电机(MG1)状态

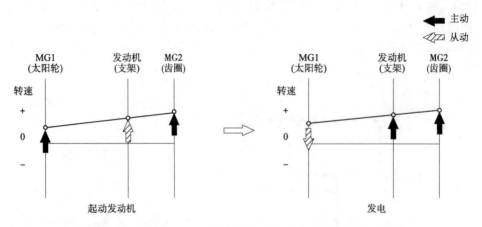

图 1-31　汽车起步后发动机驱动发电机(MG1)状态行星轮系模拟杠杆图

3）发动机微加速工况（图 1-19 中的 C 阶段）

发动机微加速时，发动机的动力由行星齿轮组件分配，其中一部分动力直接输出，剩余动力用于发电机（MG1）发电。并通过变频器传输到电动机（MG2）用于输出动力，如图 1-32、图 1-33 所示。

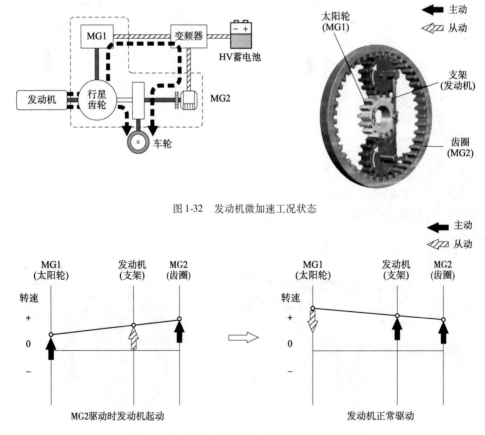

图 1-32　发动机微加速工况状态

图 1-33　发动机微加速工况状态行星轮系模拟杠杆图

4)小负荷巡航工况(图1-19中的 D 阶段)

车辆以发动机小负荷巡航时,发动机的动力由行星齿轮组件分配,其中一部分动力直接输出,剩余动力用于发电机(MG1)发电。并通过变频器传输到电动机(MG2)用于输出动力,如图1-34、图1-35所示。

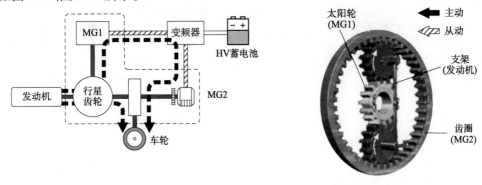

图1-34 小负荷巡航工况状态

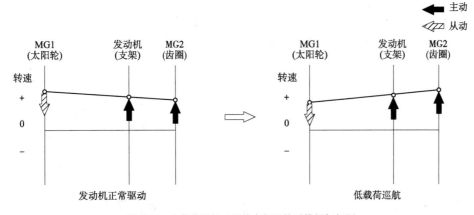

图1-35 小负荷巡航工况状态行星轮系模拟杠杆图

5)节气门全开加速工况(图1-19中的 E 阶段)

车辆从小负荷巡航转换为节气门全开加速模式时,在加速期间,电动机(MG2)提供附加的驱动力补充发动机动力,发电机(MG1)产生的电流供给电动机(MG2),HV蓄电池也会根据加速的程度给电动机(MG2)提供电流,如图1-36、图1-37所示。

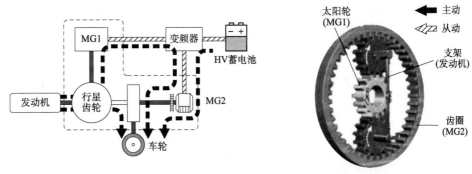

图1-36 节气门全开加速工况

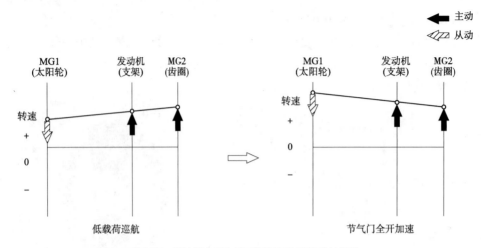

图 1-37　节气门全开加速工况行星轮系模拟杠杆图

6）减速工况（图 1-19 中的 F 阶段）

（1）"D"挡减速行驶。车辆以"D"挡减速行驶时，发动机停止工作。这时，车轮驱动电动机（MG2），使电动机（MG2）作为发电机运行，为 HV 蓄电池充电，如图 1-38、图 1-39 所示。

车辆从较高速度开始减速时，发动机以预定速度继续工作，保护行星齿轮组。

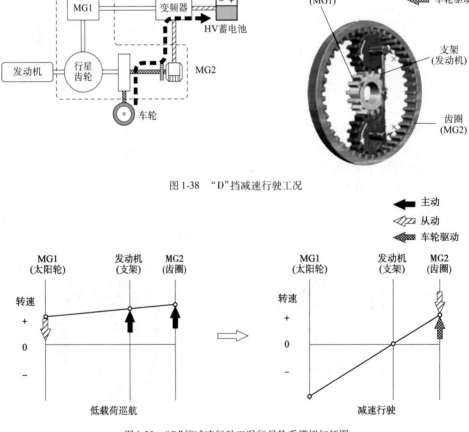

图 1-38　"D"挡减速行驶工况

图 1-39　"D"挡减速行驶工况行星轮系模拟杠杆图

(2)"B"挡减速行驶。车辆以"B"挡减速行驶时,车轮驱动电动机(MG2),使电动机(MG2)作为发电机运行,为 HV 蓄电池充电,并同时为发电机(MG1)供电。这样,发电机(MG1)保持发动机转速并施加发动机制动,如图 1-40、图 1-41 所示。这时,发动机燃油供给被切断。

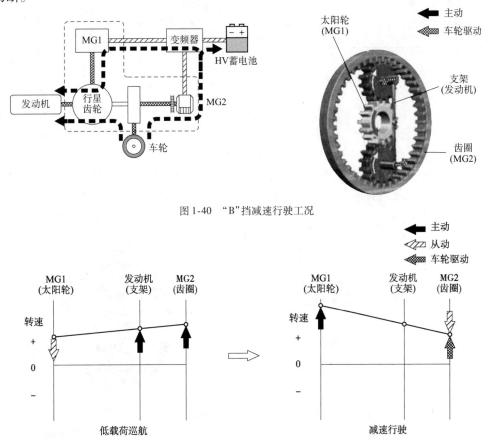

图 1-40 "B"挡减速行驶工况

图 1-41 "B"挡减速行驶工况行星轮系模拟杠杆图

7)倒车工况(图 1-19 中的 G 阶段)

(1)车辆倒车。仅由电动机(MG2)为车辆提供动力。这时,电动机(MG2)反向旋转,发动机不工作,发电机(MG1)正向旋转但不发电,如图 1-42、图 1-43 所示。

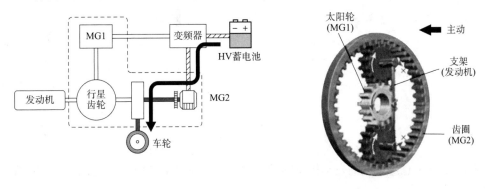

图 1-42 倒车工况

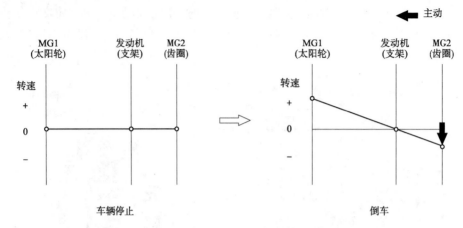

图1-43　倒车工况行星轮系模拟杠杆图

（2）起动发动机。如果 HV ECU 监视的任何项目,如冷却液温度、SOC 状态、蓄电池温度和电载荷状态与规定值有偏差,发电机(MG1)将起动发动机,如图1-44、图1-45所示。

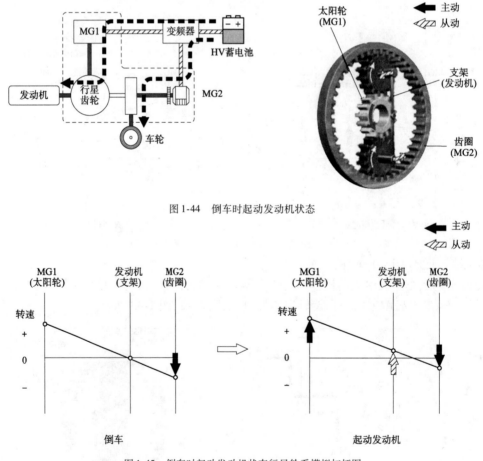

图1-44　倒车时起动发动机状态

图1-45　倒车时起动发动机状态行星轮系模拟杠杆图

然后状态中,已经起动的发动机驱动发电机(MG1)为 HV 蓄电池充电,如图1-46、图1-47所示。

新能源汽车底盘电气系统　模块一

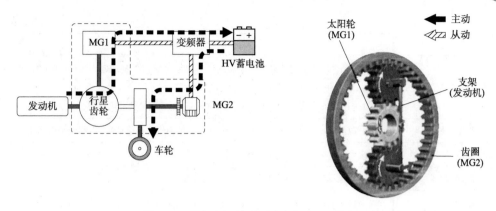

图 1-46　倒车时发动机驱动发电机（MG1）状态

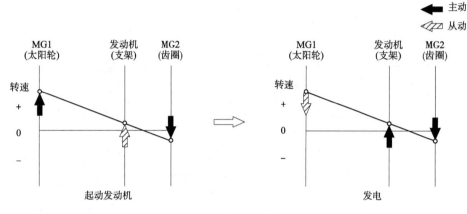

图 1-47　倒车时发动机驱动发电机（MG1）状态行星轮系模拟杠杆图

二、新能源汽车电控制动系统

（一）新能源汽车机械制动器（EMB）

1. 新能源汽车机械制动器结构

普锐斯混合动力汽车制动控制系统主要部件及作用见表1-2。

普锐斯混合动力汽车制动控制系统主要部件及作用　　表1-2

部　　件		功　　能
制动执行器	液压源部分	（1）包括泵、泵电动机、蓄能器、减压阀和蓄能器压力传感器，液压源部分产生并存储制动防滑控制 ECU 用于控制制动的液压； （2）蓄能器压力传感器安装在制动执行器中
	液压控制部分	（1）包括2个主缸切断电磁阀、4个供压电磁阀和4个减压电磁阀； （2）2个双位主缸切断电磁阀由制动防滑控制 ECU 控制来打开或关闭主缸和轮缸间的通道； （3）4个线性供压电磁阀和4个线性减压电磁阀，它们由制动防滑控制 ECU 控制以增减车轮轮缸中的液压； （4）主缸压力传感器和轮缸压力传感器都安装在制动执行器中

· 23 ·

续上表

部 件		功 能
制动防滑控制 ECU		(1)处理各种传感器信号和再生制动信号以便控制再生制动联合控制、带 EBD 的 ABS、VSC +、制动助力和正常制动; (2)根据各传感器的信号来判断车辆行驶状况,并控制制动执行器
制动主缸		当电源部分出现故障时,制动主缸就直接向车轮轮缸提供液压(由制动踏板产生)
制动踏板行程传感器		直接检测驾驶人踩下制动踏板的程度
行程模拟器		制动时根据驾驶人的踏板力度产生踏板行程
组合仪表	ABS 警告灯	当制动防滑控制 ECU 检测到 ABS、EBD 或制动助力系统中的故障时,ABS 警告灯就会点亮来警告驾驶人
	VSC 警告灯	当制动防滑控制 ECU 检测到 VSC + 系统中的故障树,VSC 警告灯就会点亮来警告驾驶人
	防滑指示灯	当 ABS 系统、VSC + 系统或电动机牵引力控制工作时,防滑指示灯闪烁来提示驾驶人
	制动控制系统警告灯	当制动系统产生不影响制动力的小故障(如再生制动故障)时,该警告灯就会点亮来警告驾驶人
	制动系统警告灯	(1)制动防滑控制 ECU 检测到制动分配系统的故障时,该警告灯就会点亮来警告驾驶人; (2)驻车制动打开或制动液液面低时,该警告灯点亮来警告驾驶人
制动防滑控制警告蜂鸣器		(1)减压或电源部分有故障时,该蜂鸣器连续鸣叫以提示驾驶人; (2)对于装有 VSC + 的车型,该蜂鸣器间断鸣叫以提示驾驶人 VSC + 起动
HV ESU		(1)收到制动防滑控制 ECU 的信号后激活再生制动; (2)发送实际再生制动控制值到制动防滑控制 ECU; (3)VSC + 系统工作时,根据制动防滑控制 ECU 的输出控制请求信号来控制动力; (4)上坡需要制动助力控制时,HV ECU 发送后轮制动启动信号到制动防滑控制 ECU
储液罐		存储制动液
制动液液面警告开关		检测低制动液面
制动灯开关		检测制动踏板踩下信号
偏移率和减速度传感器		(1)检测车辆偏移率; (2)前进、倒车或转向时检测车辆加速度
转向角度传感器		检测转向盘的转向方向和角度
发电机继电器 1、2		(1)具有不同泵起动速度的两种型号泵电动机继电器; (2)如果其中的一个出故障,则另一个工作来起动泵
主继电器		主继电器由制动防滑控制 ECU 控制,它负责打开或切断制动执行器和制动防滑控制 ECU 中的电磁阀电源
电源装置		(1)辅助电源向制动系统稳定供电; (2)车辆电源(12V)的电压低时,通过辅助电源的放电给制动系统辅助电力

普锐斯混合动力汽车制动系统的主要功能见表1-3。

普锐斯混合动力汽车制动系统的主要功能 表 1-3

制动控制系统	功 能	概 述
ECB 系统	再生制动联合控制	通过尽量使用 THS-Ⅱ 系统的再生制动力,控制液压制动来恢复电能
	VSC + (车辆稳定性控制)	(1) VSC + 系统可以防止转向时前轮或后轮急速滑动产生的车辆侧滑; (2) 和 EPS ECU 一起进行联合控制,以便根据车辆的行驶条件提供转向助力
	ABS (防抱死制动系统)	过猛的制动或在易滑路面制动时,ABS 防止车轮抱死
	EBD (电子制动力分配)	(1) EBD 控制和利用 ABS,根据行驶条件,前轮或后轮间分配合适的制动力。另外,转向制动时,还能控制左右车轮的制动力,以保持车辆平稳行驶; (2) 制动助力有两个功能:紧急制动时,如果制动踏板力不足,可以增大制动力;需要强大制动力时,可增大制动力

2. 新能源汽车机械制动器工作原理

普锐斯混合动力汽车液压制动执行器(图 1-48)由液压泵、泵电动机、蓄能器、减压阀和蓄能器压力传感器等组成的液压源部分,和包括 2 个主缸切断电磁阀、4 个供压电磁阀、4 个减压电磁阀、主缸压力传感器和轮缸压力传感器等组成的制动压力执行器两部分构成,如图 1-49 所示。

双位主缸切断电磁阀由制动防滑控制 ECU 控制来打开或关闭主缸和轮缸间的通道。主缸切断电磁阀关闭时,主缸压力不能传递到轮缸;此时车轮轮缸油压由油泵建立的蓄能器提供。

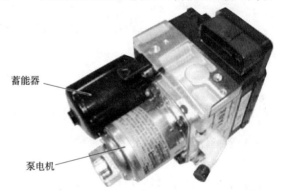

图 1-48 普锐斯混合动力汽车液压制动执行器

每个车轮的供压电磁阀和减压电磁阀都是线性电磁阀,它们由制动防滑控制 ECU 控制以增减车轮轮缸中的液压,实施车轮制动。

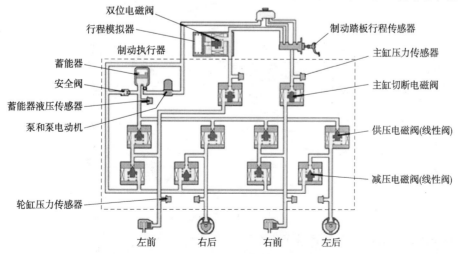

图 1-49 普锐斯混合动力汽车液压制动系统构成示意图

当液压制动系统失效时双位电磁阀关闭,主缸切断电磁阀打开,主缸制动液直接迅速流至轮缸,轮缸压力上升,实现车轮制动,如图1-50所示。

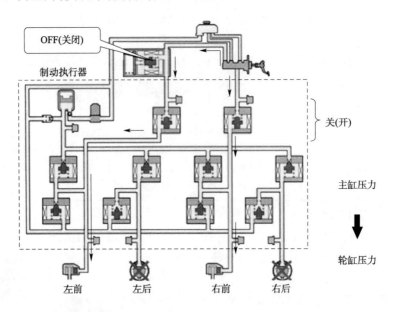

图1-50 液压制动系统失效时车轮制动控制示意图

(二)新能源汽车防抱死制动系统(ABS)

1. 新能源汽车防抱死制动系统结构

ABS(Anti-locked Braking System)即防抱死制动系统。它是一种具有防滑、防锁死等优点的汽车安全控制系统,已广泛运用于汽车上。ABS主要由控制单元(ECU)、车轮转速传感器、制动压力调节装置和制动控制电路等部分组成,如图1-51所示。

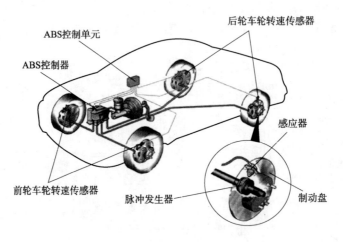

图1-51 ABS组成部分

2. 新能源汽车防抱死制动系统工作原理

ABS工作原理如图1-52所示。制动过程中,ABS控制单元不断从车轮转速传感器获取车轮的速度信号,并加以处理,进而判断车轮是否即将被抱死。ABS 制动其特点是当车轮趋于抱死临界点时,制动轮缸压力不随制动主缸压力增加而增高,压力在抱死临界点附近变化。

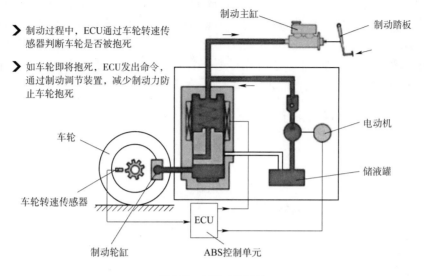

图 1-52　ABS 工作原理

如判断车轮没有抱死,制动压力调节装置不参加工作,制动力将继续增大;如判断出某个车轮即将抱死,ECU 向制动压力调节装置发出指令,关闭制动主缸与制动轮缸的通道,使制动轮的压力不再增大;如判断出车轮出现抱死拖滑状态,即向制动压力调节装置发出指令,使制动轮缸的油压降低,减少制动力。

(三) 新能源电子制动力分配(EBD)

1. 新能源电子制动力分配结构

电子制动力分配系统(Electric Brakeforce Distribution,EBD)是 ABS 的新发展,它是在 ABS 原有的基础上发展而来的系统。它可以在制动时控制制动力在各轮间的分配,更好地利用车轮的附着系数,不仅提高了汽车制动的稳定性和操纵性,而且使各个车轮能够获得更好的制动性能,缩短制动距离,提高安全性。

EBD 是在 ABS 的基础上发展而来的,主要是控制逻辑和控制算法的改变,而硬件结构基本没有变化。在安装了 ABS 的汽车上,不需增加任何硬件,只需通过改进 ABS 的控制逻辑,便可实现 EBD 的功能。与 ABS 相比,除控制理论不同外,EBD 中的安全装置等其他硬件结构与 ABS 基本相同。EBD 包括车轮转速传感器、电子控制器和液压执行器三部分。

2. 新能源电子制动力分配工作原理

汽车制动时,在滑移率达到 ABS 的控制范围之前,汽车车轮上的制动压力同时增大。但由于惯性,直行制动时汽车前、后轮或转弯制动时汽车左、右轮上的垂直载荷已经转移,导致四个车轮达到最佳滑移率的时间不同,所以路面附着条件的利用率不能达到最大,EBD 则有能力解决这一问题。

汽车制动时,EBD 会实时采集车轮转速、车轮阻力以及车轮载荷等信息,经计算得出不同车轮最合理的制动力并分配给每个车轮。在刚开始制动时，EBD 便会根据车轮垂直载荷和路面附着系数分配制动器制动力，充分利用路面附着系数，从而缩短制动距离并提高汽车的方向稳定性。同样，当制动被释放（加速）的时候，程序的应用恰好相反。

电子制动力分配系统不仅可对汽车前、后轮制动器制动力进行分配，而且可根据汽车的行驶工况，实时、合理地分配制动力给左、右车轮，防止汽车发生跑偏。另外，当汽车出现失稳趋势时，EBD 还可通过调节某车轮的制动压力，来主动遏制此失稳状态，从而避免汽车发生倾斜甚至侧翻。基于车轮滑移率的 EBD，无论车轮垂直载荷和路面附着条件怎样变化，都可迅速、合理地分配制动器制动力，如图 1-53 所示。

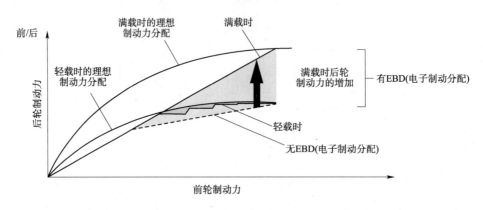

图 1-53　EBD 系统在车辆不同载荷下的作用效果

转弯制动时，以汽车向左转弯为例，如图 1-54 所示。由于载荷转移，使得汽车右前轮上的垂直载荷最大，而左后轮上的垂直载荷最小。因此，汽车的左后轮会最先出现抱死趋势。EBD 会在车轮上施加与垂直载荷和附着系数相应的制动力，保证汽车各车轮制动力相对质心的偏转力矩始终小于地面提供的侧滑力矩，从而保证汽车制动时的方向稳定性。

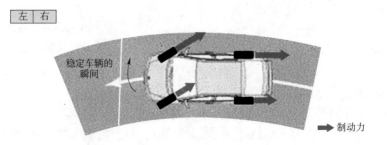

图 1-54　EBD 提高车辆转弯时的稳定性

（四）新能源汽车自动制动系统（AEB）

1. 新能源汽车自动制动系统结构

AEB（Autonomous Emergency Breaking）自动制动系统，是汽车在与前车或行人距离小于安全距离时主动制动，避免或减少追尾等碰撞事故的发生。

AEB 主要由感知装置、控制装置、执行系统组成。感知装置可以是毫米波雷达、激光雷达、单目摄像头、双目(立体)摄像头中的一种或几种组合。AEB 控制装置可以是一个独立的 ECU，也可以集成在制动系统控制单元中。AEB 的难点在执行系统的主动制动功能，目前主流的主动制动系统一类是 Bosch 的 iBooster，另一类则是从 ESC(电子稳定性控制)系统升级而来。如图 1-55 所示。

摄像头和激光雷达，通常安装于前风窗玻璃后视镜后面，用于探测短距离物体并判别类型　　毫米波雷达，通常安装于前格栅后方，用于探测中长距离物体　　Bosch iBooster系统，可以在驾驶人制动时助力，也可以自动进行主动制动，是实现ADAS和自动驾驶的"视器"　　另一种则是在ESC系统的基础上增大柱塞泵电动机和流量，并修改电磁阀回路来实现

图 1-55　AEB 的组成

2. 新能源汽车自动制动系统工作原理

AEB 自动制动系统的基本工作过程如图 1-56 所示。

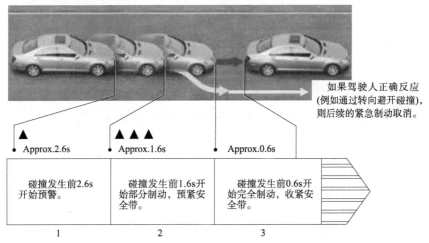

图 1-56　AEB 基本工作过程

AEB 通过摄像头或雷达检测和识别前方车辆，在有碰撞可能的情况下先用声音和警示灯提醒驾驶人进行制动操作回避碰撞。若驾驶人仍无制动操作，AEB 判断已无法避免追尾碰撞，就会自动制动来减轻碰撞的程度。同时，AEB 还包括动态制动支持，当驾驶人踩下制动踏板的力不足以避免即将到来的碰撞时，为其补充制动力。

(五)新能源汽车电子稳定程序(ESP)

1. 新能源汽车电子稳定程序结构

车身电子稳定系统(Electronic Stability Program，ESP)，如图 1-57 所示，是博世(Bosch)

公司的专利。其他公司也有研发出类似的系统,如宝马的 DSC、丰田的 VSC 等。

ESP 其实是 ABS(防抱死系统)和 ASR(驱动轮防滑转系统)功能上的延伸,可以说是当前汽车防滑装置的最高形式。主要由控制总成及转向传感器(监测转向盘的转向角度)、车轮转速传感器(监测各个车轮的速度转动)、侧滑传感器(监测车体绕纵轴线转动的状态)、横向加速度传感器(监测汽车转弯时的离心力)等组成。控制单元通过这些传感器的信号对车辆的运行状态进行判断,进而发出控制指令。

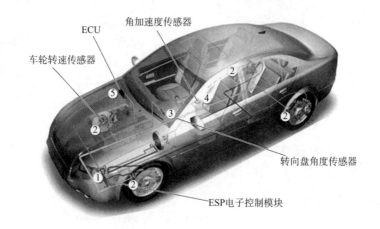

图 1-57 ESP 组成部分

2. 新能源汽车电子稳定程序工作原理

当汽车快速行驶或者转向时,产生的横向作用力会使汽车不稳定,易发生事故,而 ESP 可以将这种情况防患于未然。那么这套系统是如何做到的呢?

当车辆前面突然出现障碍物时,驾驶人必须快速向左转弯,此时转向传感器将此信号传递到 ESP 控制总成,侧滑传感器和横向加速度传感器发出汽车转向不足的信号,这就意味着汽车将会直接冲向障碍物。那么这时 ESP 将会瞬间将后轮紧急制动,这样就能产生转向需要的反作用力,使汽车按照转向意图行驶,如图 1-58、图 1-59 所示。

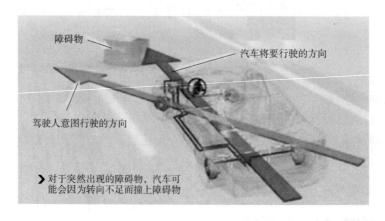

图 1-58 ESP 工作原理

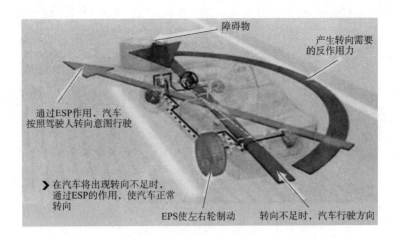

图 1-59　ESP 工作原理

如果在汽车转向后行驶的左车道上反向转向时,汽车会有转向过度的危险,向右的转矩过大,以至于车尾甩向左侧。这时 ESP 会将左前轮制动,转矩就会减小,使得汽车顺利转向,如图 1-60、图 1-61 所示。

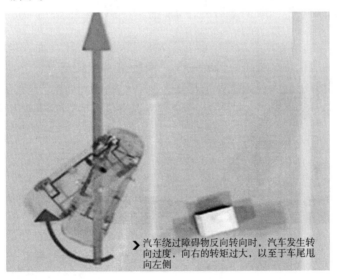

图 1-60　ESP 工作原理

（六）制动能量回收系统

1. 制动能量回收系统概述

制动能量回收系统（Braking Energy Recovery System）是指一种应用于汽车或者轨道交通上的,能够将制动时产生的热能转换成机械能,并将其存储在电容器内,在使用时可迅速将能量释放的系统。

制动能量回收系统包括与车型相适配的发电机、蓄电池以及可以监视电池电量的智能电池管理系统。制动能量回收系统回收车辆在制动或惯性滑行中释放出的多余能量,并通过发电机将其转化为电能,再储存在蓄电池中,用于之后的加速行驶。这个蓄电池还可为车内耗电设备供电,降低对发动机的依赖、发动机油耗及二氧化碳排放。

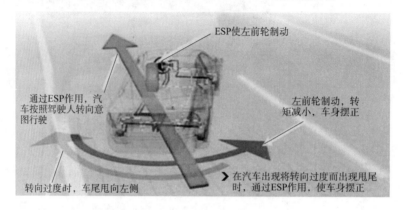

图 1-61　ESP 工作原理

2. 制动能量回收系统工作原理

以普锐斯为例,在制动时,电动机(MG2)起到发动机的作用,再生制动力来自和电动机(MG2)转动方向相反的转动轴产生的阻力。发电量(蓄电池充电量)越多,阻力也越大。再生制动过程如图 1-62 所示。

驱动桥和 MG2 机械方式连接在一起。驱动轮带动 MG2 转动而发电,MG2 产生的再生制动力就会传到驱动轮。这个力由控制发电的 THS-II 系统控制。

再生制动控制不单靠液压系统产生驾驶人所需的制动力,而且是和 THS-II 系统一起联合控制提供再生制动和液压制动的总制动力,如图 1-62 所示。这样的控制能够最大限度地减少正常液压制动的动能损失,并把这些动能转化为电能。

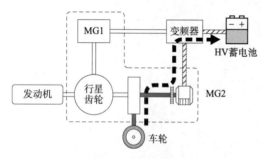

图 1-62　再生制动过程

MG2 的输出功率由于采用 THS-II 系统而增加,THS-II 增大再生制动力。另外,由于采用 ECB 系统,制动力的分配也得到了改善,从而有效地增大了再生制动的使用范围,提高了系统恢复电能的能力,进而提高了燃油经济性。

3. 制动能量回收系统对新能源车起到的作用

再生制动能量回收的优点除可提高能量利用率外,还有减小机械、液压等制动方式的机械磨损,可实现更加精确的制动控制,以及降低传统汽车制动过程中因温度升高而产生的制动热衰退现象等。

4. 制动能量回收系统各车企的实际案例

本田第四代 IMA 混合动力系统应用在 2010 款 Insight 混合动力车上。其制动能量回收系统采用执行器和电控单元组成一体化模块形式,包括 IMA 系统电机控制模块、动力蓄电池监控模块和电机驱动模块。

丰田混合动力车制动能量回收系统是由原发动机车型的液压制动器(包括液压传感器、

液压阀)与电机(减速、制动时起发电机作用,即转变为能量回收发电工况)、逆变器、电控单元(包括动力蓄电池电控单元、电机电控单元和能量回收电控单元)组成。

电动汽车荣威 e550 的制动系统同传统燃油汽车一样,是为汽车减速或停车而设置的,通常由摩擦制动和再生制动两个子系统组成,它可以利用驱动电动机的控制电路实现电动机的发电运行,使减速制动时的能量回馈给动力电池充电,从而得到再生利用。

三、新能源汽车电动助力转向系统(EPS)

(一)新能源汽车电动助力转向系统结构

普锐斯混合动力汽车电子动力转向系统(EPS)组成如图 1-63 所示。

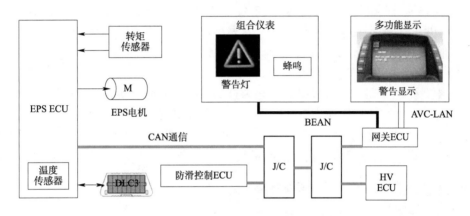

图 1-63　普锐斯混合动力汽车 EPS 示意图

(二)新能源汽车电动助力转向系统工作原理

1. 转向柱、DC 电动机和减速机构

DC 电动机、减速机构和转矩传感器都安装在转向柱上,如图 1-64 所示。

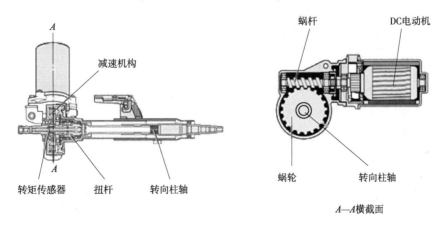

图 1-64　转向柱、DC 电动机和减速机构示意图

DC电动机包括转子、定子和电动机轴。电动机产生的转矩通过联轴器传到蜗杆,转矩又通过蜗轮传送到转向柱轴。

减速机构通过蜗杆和蜗轮降低DC电动机的转速并将之传送到转向柱轴。蜗杆由滚珠轴承支承以减小噪声和摩擦。

2. 转矩传感器

转矩传感器检测扭力杆的扭曲,并把它转换为电信号来计算施加到扭力杆上的转矩,并将此信号输出到EPS ECU,如图1-65所示。

检测环1和检测环2安装在输入轴上,检测环3安装在输出轴上。输入轴和输出轴通过扭力杆连接在一起,检测线圈和校正线圈位于各检测环外侧,不经接触形成励磁电路。

检测环1和检测环2的功能是校正温度,它们检测校正线圈中的温度变化并校正温度变化引起的误差。

检测线圈包括输出2个信号VT1(转矩传感器信号1)和VT2(转矩传感器信号2)的对偶电路。EPS ECU根据这2个信号控制助力大小,同时检测传感器故障。

(1)车辆直线行驶且驾驶人没有转动转向盘,则ECU会检测出的规定电压,指示转向的自由位置。因此,它不向DC电动机供电。

(2)驾驶人向左或向右转动转向盘,扭力杆的扭曲就会在检测环2和检测环3之间产生相对位移。这个变化随后转换为2个电信号VT1和VT2,并发送到EPS ECU。

转向盘左转时,输出比自由位置(图1-66)输出电压低的电压,这样,就可以根据转向助力检测到转向方向,转向助力由输出值的量级决定。

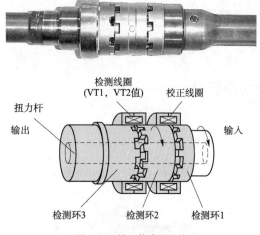

图1-65 转矩传感器结构　　　　图1-66 转矩传感器信号与助力转矩

当转矩传感器发生故障,VT1和VT2表现出不同的电信号输出,如图1-67所示。

3. EPS ECU

(1)EPS控制。EPS ECU接收各传感器的信号,判断车辆当前状况,并测定施加到DC电动机上相应的助力电流。

对于装有VSC+(车辆稳定性控制)系统的车型,根据制动防滑控制ECU的信息,EPS ECU和制动防滑控制ECU一起联合控制转向助力转矩。使驾驶人的转向操作灵便,因此提高了转向稳定性。

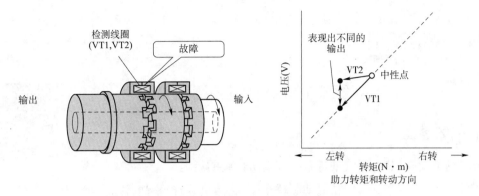

图 1-67　转矩传感器故障时电信号输出形式

（2）EPS ECU 温度传感器。EPS ECU 中的温度传感器用于检测 ECU 是否过热。如果温度传感器检测到 ECU 过热，则 DC 电动机上的助力电流就减小以降低温度。

（3）诊断。如果 EPS ECU 检测到 EPS 的故障，则与出现故障的功能相关的主警告灯点亮，提示驾驶人故障出现。同时，DTC（诊断故障代码）存储到存储器中。DTC 可以用专用智能测试仪 II 来读取。

（4）安全保护。如果 EPS ECU 检测到 EPS 的故障，则组合仪表上的主警告灯点亮，并且蜂鸣器鸣叫。同时，EPS ECU 使 PS 警告出现在复式显示器上以提示驾驶人，并进入安全保护模式，如图 1-68 所示。因此，EPS 和手动转向以相同方式工作。

图 1-68　EPS 出现故障时的显示方式

出现故障时，安全保护功能会被激活，ECU 会影响各种控制，见表 1-4。

表 1-4　EPS 故障时的安全保护功能

问　题	失　效　保　护
车速信号故障 发动机转速信号故障	到 DC 电动机的助力电流减少，直到信号恢复正常
EPS ECU 过热 DC 电动机过热	到 DC 电动机的助力电流减少，直到温度降下来
温度传感器（在 EPS ECU 里）故障	到 DC 电动机的助力电流减少
转矩传感器故障 DC 电动机故障 EPS ECU 故障	禁止转向助力控制
供应电压过低	禁止转向助力控制，直到电压恢复正常

技能实训

新能源汽车电控制动系统故障诊断

（一）准备工作

(1) 场地设施：装有尾气抽排系统和消防设施的场地。

(2) 设备设施：丰田卡罗拉混动版轿车、车轮挡块、防护套件、智能诊断仪。

（二）实训过程

(1) 安装车内及车外车辆防护套件。

(2) 安装尾气抽排管。

(3) 安装车轮挡块。

(4) 打开驾驶侧车门，确认驻车制动（图1-69）。

(5) 安装诊断接头。

(6) 将点火开关置于ON挡。检查是否存在制动警告灯（图1-70）。

图1-69　驻车制动器制动位置图

图1-70　仪表制动警告灯

(7) 打开智能诊断仪。

(8) 起动发动机并充分暖机。

(9) 对冷却系统进行检查。

(10) 连接诊断仪读取故障码，如图1-71所示。

(11) 清除故障码，如图1-72所示。

(12) 将点火开关置于OFF挡。

(13) 拔下诊断接头。

(14) 收起车内及车外车辆防护套件。

(15) 收起尾气抽排管。

(16) 收起车轮挡块。

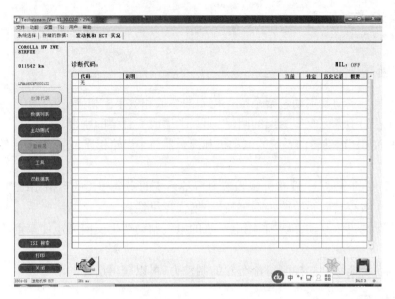

图 1-71 读取故障码

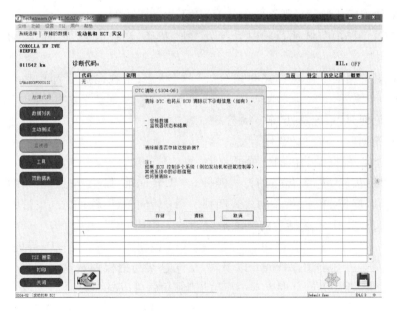

图 1-72 清除故障码

模块小结

（1）掌握新能源汽车变速驱动桥结构及工作原理。
（2）了解新能源汽车电控制动系统结构及工作原理。
（3）了解新能源汽车电动助力转向系统结构及工作原理。
（4）完成新能源汽车技能实训报告。

思考与练习

(一) 判断题

1. 电子控制半主动及主动悬架系统在控制的参数和效果上相同。 (　　)
2. 半主动悬架不考虑改变悬架的阻尼,而只考虑改变悬架的刚度。 (　　)
3. 转向轴助力式电动转向系统的电动机和离合器与小齿轮相连,直接驱动齿轮助力转向。 (　　)
4. X-By-Wire 的全称是"没有机械和液力后备系统的安全相关的容错系统"。(　　)
5. 电动汽车线控转向系统改善驾驶特性,增强操纵性。 (　　)
6. 电动汽车的再生制动,就是利用电动机的电气制动产生反向力矩使车辆减速或停车。 (　　)
7. 线控系统能够独立控制每个车轮的制动力,可以获得最佳的附着力。 (　　)

(二) 选择题

1. 关于采用主动式油气悬架系统的汽车,以下表述正确的是(　　)。
   A. 当在好的路面上低速行驶时系统处"硬"状态,当在高速、转向、起动和制动时处"软"状态
   B. 当在好的路面上低速行驶时系统处"软"状态,当在高速、转向、起动和制动时处"硬"状态
   C. 车不论何时,系统总处"软"状态
   D. 车不论何时,系统总处"硬"状态
2. EPS 的分类,根据电动机的位置可分为(　　)。
   A. 转向轴、齿轮、皮带、齿条助力式四种　　B. 转向轴、齿轮、单独、齿条助力式四种
   C. 转向轴、皮带、单独、齿条助力式四种　　D. 转向轴、齿轮、单独、皮带助力式四种
3. 空气悬架多采用刚、柔结合的方法来设计(　　)机构。
   A. 平动　　　　B. 转动　　　　C. 振动　　　　D. 导向
4. 有资料表明,当车速在 24km/h 以下时,空气悬架与钢板弹簧这两种悬架的侧倾角几乎相同,而当车速达到 30km/h 时,空气悬架的侧倾角就可以减小约(　　)。
   A. 10%　　　　B. 20%　　　　C. 30%　　　　D. 50%
5. 半主动悬架系统通常以车身振动加速度的均方根值作为控制目标函数,以悬架为(　　)控制对象。
   A. 减振器的阻尼　　B. 弹簧的弹性　　C. 弹簧的高度　　D. 横向稳定器

(三) 简答题

1. 车架高度控制机构的组成及功能有哪些?
2. 与其他转向系统相比,电动助力转向系统突出的特点有哪些?
3. 电动汽车线控制动系统组成及工作原理是什么?

 新能源汽车整车电气系统

> **学习目标**
>
> 1. 掌握新能源汽车电子空调系统结构和原理；
> 2. 了解新能源汽车总线系统特点及原理；
> 3. 掌握新能源汽车车载互联一体机的组成和功能；
> 4. 完成新能源汽车技能实训。
>
> 建议课时：6课时。

一、新能源汽车电子空调系统

（一）新能源汽车电子空调系统制冷系统

1. 新能源汽车电子空调的类型

（1）按控制方式分为手动式（拨动控制板上的功能键对温度、风速、风向进行控制）和电控气动调节（利用真空控制机构，当选好空调功能键时，就能在预定温度内自动控制温度和风量）。

（2）按控制方式分为全自动调节（利用计算比较电路，通过传感器信号及预调信号控制调节机构工作，自动调节温度和风量）和微机控制的全自动调节（以微机为控制中心，实现对车内空气环境进行全方位、多功能的最佳控制和调节）。

2. 新能源汽车电子空调系统制冷系统组成部件

新能源汽车空调一般主要由压缩机、冷凝器、蒸发器、膨胀阀、储液器、冷却风扇、控制系统等组成。

（1）压缩机。在制冷的全过程中，压缩机始终是工作的，制冷强度的调节完全依赖装在压缩机内部的压力调节阀来控制。当空调管路内高压端的压力过高时，压力调节阀缩短压缩机内活塞行程以减小压缩比，这样就会降低制冷强度。当高压端压力下降到一定程度，低压端压力上升到一定程度时，压力调节阀则增大活塞行程以提高制冷强度。

电驱动压缩机空调系统可以采用全封闭的 HFC134a 系统及制冷剂回收技术,整体的高度密封性可以减小正常运行记忆修理维护时制冷剂的泄露损失,从而减少了对环境的污染。纯电动汽车电动空调的压缩机靠电机驱动,因此可以通过精确控制以及在常见热负荷工况下的高效率运行来降低空调系统的能耗,从而提高整车的经济性。

单纯使用变频电动机驱动的类型,对于以电动机为主体(Strong-HEV 强混、EV 电动)的车辆,则供应电动压缩机。

(2)冷凝器。冷凝器为制冷系统的机件,属于换热器的一种,能把气体或蒸气转变成液体,将管子中的热量,以很快的方式,传到管子附近的空气中。冷凝器工作过程是个放热的过程,所以冷凝器温度都是较高的。

(3)蒸发器。空调冷凝器置于车内,属于直接风冷式结构,它利用低温低压的液态制冷剂蒸发时需吸收大量的热量的原理,把通过他周围的空气中的热量带走,从而达到冷却除湿的目的,并把冷空气送入车厢使车内降温。

(4)膨胀阀。膨胀阀是制冷系统中的一个重要部件,一般安装于储液器和蒸发器之间。膨胀阀使中温高压的液体制冷剂通过其节流成为低温低压的湿蒸气,然后制冷剂在蒸发器中吸收热量达到制冷效果,膨胀阀通过蒸发器末端的过热度变化来控制阀门流量,防止出现蒸发器面积利用不足和敲缸现象。

(5)储液器。储液器是为了存储经冷凝器来高压液态制冷剂,根据制冷负荷的需要,随时供给膨胀阀高压液态制冷剂,并补充制冷系统微量的渗漏和防止或减少空调制冷系统中的水分,使水分不易在制冷系统中造成堵塞故障。

(6)冷却风扇。冷却风扇将冷凝器散发出的热量吸收,将周围的热量带走,从而达到降温的作用。

3. 新能源汽车电子空调系统制冷系统工作原理

汽车空调制冷系统由压缩机、冷凝器、储液干燥器、膨胀阀、蒸发器和鼓风机等组成。如图 2-1 所示,各部件之间采用铜管(或铝管)和高压橡胶管连接成一个密闭系统。制冷系统工作时,制冷剂以不同的状态在这个密闭系统内循环流动,每个循环又分四个基本过程:

(1)压缩过程:压缩机吸入蒸发器出口处的低温低压的制冷剂气体,把它压缩成高温高压的气体排除压缩机。

(2)放热过程:高温高压的过热制冷剂气体进入冷凝器,由于压力及温度的降低,制冷剂气体冷凝成液体,并放出大量的热。

(3)节流过程:温度和压力较高的制冷剂液体通过膨胀装置后体积变大,压力和温度急剧下降,以雾状(细小液滴)排除膨胀装置。

(4)吸热过程:雾状制冷剂液体进入蒸发器,因此时制冷剂沸点远低于蒸发器内温度,故制冷剂液体蒸发成气体。在蒸发过程中大量吸收周围的热量,而后低温低压的制冷剂蒸气又进入压缩机。

上述过程周而复始的进行下去,便可达到降低蒸发器周围空气温度的目的。

(二)新能源汽车电子空调系统暖风系统

空调辅助电加热器可以分为黏结式陶瓷 PTC 加热器和金属 PTC 管状加热器。黏结式陶瓷 PTC 加热器是将多个陶瓷 PTC 芯片及铝波纹散热片用耐高温树脂胶黏结在一起的加热器,其散热性好,电气性能稳定。其中黏结式陶瓷 PTC 加热器又分为加热器表面带电型和加热器表面不带电型。

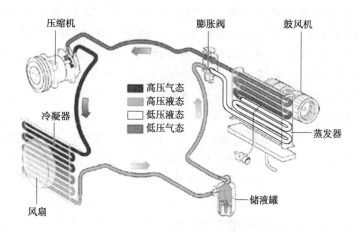

图 2-1 空调系统原理图

金属 PTC 管状加热器采用进口镍铁合金丝为发热材料,发热管外镶铝散热片,其散热效果非常好。加热器配用温度控制器和热熔断器,使产品使用更安全可靠。这种加热器具有 PTC 材料的良好特性,一些空调均采用此类加热器作为辅助加热。如图 2-2 所示。

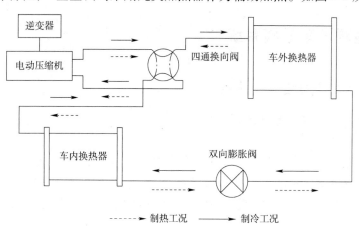

图 2-2 模式切换原理图

燃油汽车空调系统的暖风热源主要由发动机冷却液提供,而电动汽车的暖风系统与之不同。电动汽车空调系统暖风常见的方案如下。

1. 热泵

空调控制系统是在原有燃油汽车上进行改进的,压缩机是由永磁无刷直流电动机直接驱动,该系统与普通的热泵空调系统并无本质区别,由于在电动车上使用,压缩机等主要部件有其特殊性。而且国外热泵技术具备了一定的基础,该技术最大的优点就是制冷、制热效率高,相关企业开放的全封闭电动涡旋压缩机,是有一个直流无刷电动机驱动,通过制冷剂回气冷却,具有噪声低、振动小、结构紧凑、质量轻等优点。在测试条件为环境温度40℃,车内温度27℃,相对湿度50%的工况下,系统稳定时它能以1kW的能耗获得2.9kW的制冷量;当环境温度为-10℃,车内温度25℃,以1kW的能耗获得2.3kW的制热量。在-10~-40℃的环境温度下,均能以较高的效率为电动汽车提供舒适的驾乘环境。若能在零部件技术上得到改进,相应效率还能得到提高。空调系统的制冷/制热模式由四通换向阀转换,实线箭头表示制冷工况,虚线箭头表示制热工况。从原理上讲,该系统与普通的热泵空调并无区别,但是用于电动汽车上,其专门开发了双工作腔滑片压缩机、直流无刷电动机和逆变器控制系统。在热泵工况下,系统从融霜模式转为制热模式时,风道内换热器上的冷凝水将迅速蒸发,在风窗玻璃上结霜,影响驾驶的安全性。

2. PTC电加热器

PTC电加热器是采用PTC热敏电阻元件为发热源的一种加热器。PTC热敏电阻通常是用半导体材料制成的,它的电阻随湿度变化而急剧变化,当外界温度降低,PTC电阻值随之减小,发热量反而会相应增加。按材质可以分为陶瓷PTC热敏电阻和有机高分子PTC热敏电阻。用于空调辅助电加热器的是陶瓷PTC热敏电阻。PTC热敏电阻元件因具有随环境温度高低的变化,其电阻值随之增加或减小的变化特性,所以PTC加热器具有节能、恒温、安全和使用寿命长等特点。

3. 余热+辅助

PTC利用大功率器件(功率变换、驱动电机、电机控制器等)工作时产生的热量,对车内环境进行热交换。当热量不足时,启用辅助PTC加热器。

二、新能源汽车总线系统

(一)新能源汽车总线系统特点

1. 车载网络(总线)常用基本术语

1)局域网

局域网是指在一个有限区域内连接的计算机网络。一般这个区域具有特定的职能,通过这个网络实现这个系统内的资源共享和信息通信。连接到网络上的节点可以是计算机、基于微处理器的应用系统或智能装置。在汽车上的网络是局域网与现场总线之间的一种结构。

2)现场总线

现场总线(Field Bus)是在工业过程控制和生产自动化领域发展起来的一种网络体系,这些领域应用的电子装置,如传感器、执行器和调节器等非常多。随着技术和智能程度的增加,这些装置通过通信网络连接实现信息传送的需求不断增加,技术条件也不断成熟。现场总线定义为在过程现场安装在控制室先进自动化装置中的一种串行数字通信链路。该系统是用于过程自动化和制造自动化最底层的现场设备或现场仪表互连的通信网络,是现场通信网络与控制系统的集成。

现场总线由两部分组成:数据传输线和节点。节点包括控制单元和总线辅助设备。控制单元由一个控制器、一个收发器、两个数据传输终端组成。

3) CAN

CAN,全称为 Controller Area Network,即控制器局域网,是国际上应用最广泛的现场总线之一。最初,CAN 被设计作为汽车环境中的微控制器通信,在车载各电子控制装置 ECU 之间交换信息,形成汽车电子控制网络,比如:发动机管理系统、变速器控制器、仪表装备、电子主干系统中,均嵌入 CAN 控制装置。

4) 数据总线

数据总线是模块间运行数据的通道,即所谓的信息高速公路。数据总线可以实现在一条数据线上传递的信号能被多个系统(控制单元)共享,从而最大限度地提高系统整体效率,充分利用有限的资源。把数据总线应用在汽车电气系统上,就可以大大简化目前的汽车电路。可以通过不同的编码信号来表示不同的开关动作信号解码后,根据指令接通或断开对应的用电设备(前照灯、刮水器、电动座椅等)。这样,就能将过去一线一用的专线制改为一线多用制,大大减少汽车上导线的数目,缩小了线束的直径。数据总线还可将计算机技术融入整个汽车系统之中,加速汽车智能化的发展。

如果系统可以发送和接收数据,则这样的数据总线就称为双向数据总线。数据总线实际是一条导线或两条导线。两线式的其中一条导线不是用作额外的通道。它的作用有点像公路的路肩,上面立有交通标志和信号灯。一旦数据通道出了故障,"路肩"在有些数据总线中被用来承载"交通",或者令数据换向通过一条或两条数据总线中未发出故障的部分。为了抗电子干扰,双线制数据总线的两条线是绞在一起的。

各汽车制造商一直在设计各自的数据总线,如果不兼容,就称为专用数据总线。如果是按照某种国际标准设计的,就是通用的。为使不同厂家生产的零部件能在同一辆汽车上协调工作,必须制定标准。按照 ISO 有关标准,CAN 的拓扑结构为总线式,因此也称为 CAN 总线(CAN-BUS)。

5) 多路传输

多路传输是指在同一通道或线路上同时传输多条信息。事实上数据信息是依次传输的,但速度非常之快,几乎就是同时传输的。对一个人来说,1/10s 算是非常快了,但对一台运算速度即使相对慢的计算机来说,1/10s 却是很长的时间。如果将 1/10s 分成若干段,每一段时间只传输一个单独的数据,多个数据轮流传输,这称为分时多路传输。

从图 2-3 中可以看出,常规线路要比多路传输线路简单得多,然而多路传输系统 ECU 之间所用导线比常规线路系统所用导线少得多。汽车上用的是单线或双线分时多路传输系统。ECU 可以触发仪表板上的警告灯或故障指示灯等,由于多路传输可以通过一根线(数据总线)执行多个指令,因此可以增加许多功能装置。

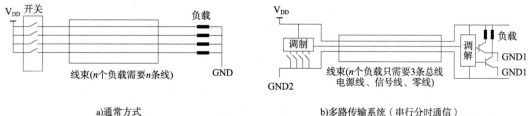

图 2-3 常规线路和多路传输线路的简单对比

6) 模块/节点

模块是一种电子装置。简单一点的如温度和压力传感器,复杂的如计算机(微处理器)。传感器是一个模块装置,根据温度和压力的不同产生不同的电压信号,这些电压信号在计算机(一种数字装置)的输入接口被转变成数字信号。在计算机多路传输系统中一些简单的模块被称为节点。

7) 网络

为了实现信息共享而把多条数据总线连在一起,或者把数据总线和模块当作一个系统称为网络。从物理意义上讲,汽车上许多模块和数据总线距离很近,因此被称为LAN(局域网)。

8) 网关

因为车上用这么多总线和网络,所以必须用一种有特殊功能的计算机达到信息共享并避免协议间产生冲突,实现无差错数据传输,这种计算机称为网关。

9) 帧

为了可靠地传输数据,通常将原始数据分割成一定长度的数据单元,这就是数据传输的单元,称为帧。一帧内应包括同步信号(例如帧的开始与终止)、错误控制(各类检错码或纠错码,大多数采用检错重发的控制方式)、流量控制(协调发送方与协调方的速率)、控制信息、数据信息、寻址(在信道共享的情况下,保证每一帧都能正确地到达目的站,收方也能知道信息来自何站)等。

2. 车载网络(总线)协议标准

国际上众多知名汽车公司早在20世纪80年代就积极致力于汽车网络技术的研究及应用,迄今为止,已有多种网络标准。目前存在的多种汽车网络标准,其侧重的功能有所不同。

按系统的复杂程度、信息量、必要的动作响应速度、可靠性要求等将多路传输系统分为低速(A)、中速(B)、高速(C)三类。

A类是面向传感器执行器控制的低速网络,数据传输位速率通常小于10kbit/s,主要用于后视镜调整、电动窗、灯光照明等控制。

B类是面向独立模块间数据共享的中速网络,位速率在10~125kbit/s,主要应用于车身电子舒适性模块、仪表显示等系统。

C类是面向高速、实时闭环控制的多路传输网,位速率在125kbit/s~1Mbit/s,主要用于牵引控制、先进发动机控制、ABS等系统。

在汽车应用中,车体和舒适性控制模块都连接到CAN总线上,并借助于LIN总线进行外围设备控制。而汽车高速控制系统通常会使用高速CAN总线连接在一起。远程信息处理和多媒体连接需要高速互连,视频传输又需要同步数据流格式,这些都可由DDB(Domestic Digital Bus)或MOST(Media Oriented Systems Transport)协议来实现。无线通信则通过蓝牙(Blue Tooth)技术加以实现。而在未来,TFP(Time Trigger Protocol)和Flex Ray将使汽车发展成百分之百的电控系统,完全不需要后备机械系统的支持。但是,至今仍没有一个通信网络可以完全满足未来汽车的所有成本和性能要求。因此,汽车制造商和OEM(Original Equipment Manufacture)商仍将继续采用多种协议(包括LIN、CAN和MOST等),以实现未来汽车上的联网。

1) A类总线标准、协议

A类目前首选的标准是LIN。LIN是用于汽车分布式电控系统的一种新型低成本串行通信系统。它是一种基于UART的数据格式,主从结构的单线12V的总线通信系统。主要用于智能传感器和执行器的串行通信,而这正是CAN总线的带宽和功能所不要求的部分。由于目前尚未建立低端多路通信的汽车标准,因此LIN正试图发展成为低成本的串行通信的行业标准。

LIN的标准简化了现有的基于多路解决方案的低端SCI,同时将降低汽车电子装置的开发、生产和服务费用。LIN采用低成本的单线连接,传输速度最高可达20kbit/s,对于低端的大多数应用对象来说,这个速度是可以接受的。它的媒体访问采用单主/多从的机制,不需要进行仲裁,在从节点中不需要晶体振荡器就能进行自同步,这极大地减少了硬件平台的成本。

2) B类总线标准、协议

B类中的国际标准是CAN总线。CAN总线是德国博世(Bosch)公司从20世纪80年代初为解决现代汽车中众多的控制与测试仪器之间的数据交换而开发的一种串行数据通信协议,它是一种多主总线,通信介质可以是双绞线、同轴电缆或光导纤维。通信速率可达1Mbit/s。CAN总线通信接口中集成了CAN协议的物理层和数据链路层功能,可完成对通信数据的成帧处理,包括位填充、数据块编码、循环冗余检验、优先级判别等项工作。CAN协议的一个最大特点是废除了传统的站地址编码,而对通信数据块进行编码,最多可标识2048(2.0A)个或5亿(2.0B)多个数据块。采用这种方法的优点可使网络内的节点个数在理论上受限制。数据段长度最多为8个字节,不会占用总线时间过长,从而保证了通信的实时性。CAN协议采用CRC检验并可提供相应的错误处理功能,保证了数据通信的可靠性。

B类标准采用的是ISO 11898,传输速率在100kbit/s左右。对于欧洲的各大汽车公司从1992年起,一直采用ISO 11898,所使用的传输速率范围从47.6~500kbit/s不等。近年来,基于ISO 11519的容错CAN总线标准在欧洲的各种车型中也开始得到广泛的使用,ISO 11519-2的容错低速2线CAN总线接口标准在轿车中正在得到普遍的应用,它的物理层比ISO 11898要慢一些,同时成本也高一些,但是它的故障检测能力却非常突出。与此同时,以往广泛适用于美国车型的J1850正逐步被基于CAN总线的标准和协议所取代。

3) 高速总线系统标准、协议

由于高速总线系统主要用于与汽车安全相关,以及实时性要求比较高的地方,如动力系统等,所以其传输速率比较高。根据传统的SAE的分类,该部分属于C类总线标准,通常在125kbit/s~1Mbit/s,必须支持实时的周期性的参数传输。目前,随着汽车网络技术的发展,未来将会使用到具有高速实时传输特性的一些总线标准和协议,包括采用时间触发通信的X-by-Wire系统总线标准和用于安全气囊控制和通信的总线标准、协议。

4) C类总线标准、协议

在C类标准中,欧洲的汽车制造商基本上采用的都是高速通信的CAN通用工作负荷特性,可扩展作为各种进口汽车使用和维修的参考依据。总线标准ISO 11898,而J1939供货车及其拖车、大客车、建筑设备以及农业设备使用,是用来支持分布在车辆各个不同位置的电控单元之间实现实时闭环控制功能的高速通信标准,其数据传输速率为250kbit/s。在美国,GM 公司已开始在所有的车型上使用其专属的所谓 GMLAN 总线标准,它是一种基于 CAN 的传输速率在 500kbit/s 的通信标准。

ISO 11898 针对汽车电子控制单元(ECU)之间,通信传输速率大于 125kbit/s,最高 1Mbit/s 时,使用控制器局域网络构建数字信息交换的相关特性进行了详细的规定。

J1939 使用了控制器局域网协议,任何 ECU 在总线空闲时都可以发送信息,它利用协议中定义的扩展帧 29 位标识符实现一个完整的网络定义。29 位标识符中的前 3 位被用来在仲裁过程中决定消息的优先级。对每类消息而言,优先级是可编程的。这样原始设备制造商在需要时可以对网络进行调整。J1939 通过将所有 11 位标识符消息定义为专用,允许使用 11 位标识符的 CAN 标准帧的设备在同一个网络中使用。这样,11 位标识符的定义并不是直接属于 J1939 的一个组成部分,但是也被包含进来。这是为了保证其使用者可以在同一网络中并存而不出现冲突。

5)安全总线和标准

安全总线主要用于安全气囊系统,以连接加速度计、安全传感器等装置,为被动安全提供保障。目前已有一些公司研制出了相关的总线和协议,包括 Delphi 公司的 Safety Bus 和 BMW 公司的 Byte flight 等。

Byte flight 主要以 BMW 公司为中心制定。数据传输速率为 10Mbit/s。Byte flight 不仅可以用于安全气囊系统的网络通信,还可用于 X-by-Wire 系统的通信和控制。BMW 公司在 2001 年 9 月推出的新款 BMW7 系列车型中,采用了一套名为 ISIS 的安全气囊控制系统,它是由 14 个传感器构成的网络,利用 Byte flight 来连接和收集前座保护气囊、后座保护气囊以及膝部保护气囊等安全装置的信号。在紧急情况下,中央电脑能够更快更准确地决定不同位置的安全气囊的施放范围与时机,发挥最佳的保护效果。

6)X-by-Wire 总线标准、协议

X-by-Wire 最初是用在飞机控制系统中,称为电传控制,现在已经在飞机控制中得到广泛应用。由于目前对汽车容错能力和通信系统的高可靠性的需求日益增长,X-by-Wire 开始应用于汽车电子控制领域。在未来的 5~10 年,X-by-Wire 技术将使传统的汽车机械系统(如制动和驾驶系统)变成通过高速容错通信总线与高性能 CPU 相连的电气系统。在一辆装备了综合驾驶辅助系统的汽车上,诸如 Steer-by-Wire、Brake-by-Wire 和电子阀门控制等特性将为驾驶人带来全新驾驶体验。为了提供这些系统之间的安全通信,就需要一个高速、容错和时间触发的通信协议。目前,这一类总线标准主要有 TTP(时间触发协议)、Byte flight 和 Flex Ray。

如前所述,BMW 公司的 Byte flight 可用于 X-by-Wire 系统的网络通信。Byte flight 的特点是既能满足某些高优先级消息需要时间触发,以保证确定延迟的要求,又能满足某些消息需要事件触发,需要中断处理的要求。但其他汽车制造商目前并无意使用 Byte flight,而计划采用另一种规格 Flex Ray。这是一种新的特别适合下一代汽车应用的网络通信系统,它采用 FTDMA(Flexible Time Division Multiple Access)的确定性访问方式,具有容错功能和确定的消息传输时间,能够满足汽车控制系统的高速率通信要求。BMW、Daimler-Chrysler、Motorola 和 Philips 联合开发和建立了这个 Flex Ray 标准,GM 公司也加入了 Flex Ray 联盟,成为其核心成员,共同致力于开发汽车分布式控制系统中高速总线系统的标准。该标准不仅提高了一致性、可靠性、竞争力和效率，而且，还简化了开发和使用过程，并降低了成本。

7）诊断系统总线标准、协议

故障诊断是现代汽车必不可少的一项功能，使用排放诊断的目的主要是为了满足 OBD-Ⅱ（ON Board Diagnose）、OBD-Ⅲ 或 E-OBD（European-On Board Diagnose）标准。目前，许多汽车生产厂商都采用 ISO 14230（Keyword Protocol 2000）作为诊断系统的通信标准，它满足 OBD-Ⅱ 和 OBD-Ⅲ 的要求。在欧洲，以往诊断系统中使用的是 ISO 9141，它是一种基于 UART 的诊断标准，满足 OBD-Ⅱ 的要求。美国的 GM、Ford、DC 公司广泛使用 J1850（不含诊断协议）作为满足 OBD-Ⅱ 的诊断系统的通信标准。但随着 CAN 总线的广泛应用，2004 年，美国三大汽车公司对乘用车采用基于 CAN 的 J2480 诊断系统通信标准，它满足 OBD-Ⅲ 的通信要求。从 2000 年开始，欧洲汽车厂商已经开始使用一种基于 CAN 总线的诊断系统通信标准 ISO 315765，它满足 E-OBD 的系统要求。

目前，汽车的故障诊断主要是通过一种专用的诊断通信系统来形成一套较为独立的诊断网络，ISCN141 和 ISO 14230 就是这类技术上较为成熟的诊断标准。而 ISO 15765 适用于将车用诊断系统在 CAN 总线上加以实现的场合，从而适应了现代汽车网络总线系统的发展趋势。ISO 15765 的网络服务符合基于 CAN 的车用网络系统的要求，是遵照 ISO 14230-3 及 ISO 150315 中有关诊断服务的内容来制定的，因此，ISO 15765 对于 ISO 14230 应用层的服务和参数完全兼容，但并不限于只用在这些国际标准所规定的场合，因而有广泛的应用前景。

8）多媒体系统总线标准、协议

汽车多媒体网络和协议分为三种类型，分别是低速、高速和无线，对应 SAE 的分类相应为：IDB-C（Intelligent Data BUS-CAN）、IDB-M（Multimedia）和 IDB-Wireless，其传输速率为 250kbit/s ~ 100Mbit/s。

低速用于远程通信、诊断及通用信息传送，IDE-C 按 CAN 总线的格式以 250kbit/s 的位速率进行消息传送。由于其低成本的特性，IDB-C 有望成为汽车类产品的标准之一，并于 2004 年前在 OEM 方式的车辆中推行。美国 GM 公司等汽车制造商计划使用 POF（Plastic Optical Fiber）在车中安装以 IEEE1394 为基础的 IDE-1394，预计 Toyota 等日本汽车制造商也将跟进采用 POF。由于消费者手中已经有许多 1394 标准下的设备，并与 IDE-1394 相兼容，因此，IDE-1394 将随着 IDE 产品进入车辆的同时而成为普遍的标准。

高速主要用于实时的音频和视频通信，如 MP3、DVD 和 CD 等的播放，所使用的传输介质是光纤，这一类里主要有 D2B、MOST 和 IEEE1394。

D2B 是用于汽车多媒体和通信的分布式网络，通常使用光纤作为传输介质，可连接 CD 播放器、语音控制单元、电话和因特网。MOST 是车辆内 LAN 的接口规格，用于连接车载导航器和无线设备等。数据传转速度为 24Mbit/s，其规格主要由德国 Oasis Silicon System 公司制定。

在无线通信方面，采用 Blue Tooth 规范，研制出基于 Blue Tooth 技术的处理器，在汽车主要应用于声音系统、信息通信等。如美国德州仪器公司（TI）推出的一款基于 ROM 的蓝牙基带处理器，可用于通信及娱乐或 PC 外设等方面。

随着电子技术和大规模集成电路的迅速发展，网络技术在汽车上的广泛应用使汽车的动力性、操作稳定性、安全性等都上升到了新的高度，给汽车技术的发展注入了新的活力。

一般来说，汽车通信网络可以划分为四个不同的领域，每个领域都有其独特的要求：

（1）信息娱乐系统。此领域的通信要求高速率和高带宽，有时会是无线传输。目前主流应用协议有 MOST。

（2）高安全的线控系统。由于此领域涉及安全性很高的制动和导向系统，所以它的通信要求高容错性、高可靠性和高实时性。可以考虑的协议有 TTCAN、FlexRay、TTP 等。

（3）车身控制系统。在这个领域 CAN 协议已经有了 20 多年的应用积累，其中包括传统的车身控制和传动控制。

（4）低端控制系统。此系统包括那些仅需要简单串行通信的 ECU（Electronic Control Unit）电子控制单元，比如控制后视镜和车门的智能传感器以及激励器等，这应该是 LIN 总线最适合的应用领域。

目前汽车设计中的网络结构，采用两条 CAN 网络，一条用于动力系统的高速 CAN，速率为 250kbit/s ~ 1Mbit/s；另一条应用于车身系统的低速 CAN，速率为 10 ~ 125kbit/s。高速 CAN 主要连接对象是发动机控制器、变速器、ABS 控制器、助力转向、安全气囊控制器等。低速 CAN 主要连接和控制的汽车内外部照明、灯光信号、空调、组合仪表等其他低速电子控制单元。

（二）电动汽车车载网络的组成

1. 车载网络的组成

车载网络按照应用加以划分，大致可以分为 4 个系统：车身系统、动力传动系统、安全系统和信息系统，如图 2-4 所示。

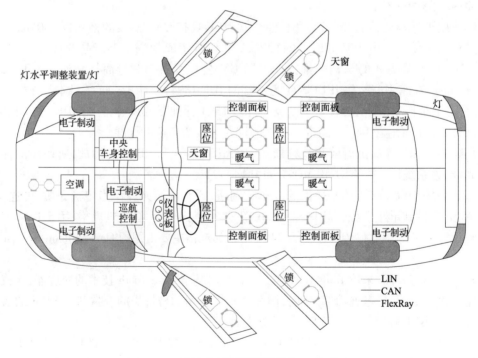

图 2-4 车载网络的组成

1) 车身系统

车身系统电路主要有三大块：主控单元电路、受控单元电路、门控单元电路。主控单元接收开关信号之后，先进行分析处理，然后通过 CAN 总线把控制指令发送给各受控端，各受控端响应后做出相应的动作。车前、车后控制端只接收主控端的指令，按主控端的要求执行，并把执行的结果反馈给主控端。门控单元不但通过总接收主控端的指令，还接收车门上的开关信号输入。根据指令和开关信号，门控单元会做出相应动作，然后把执行结果发往主控单元。

与动力传动系统相比，汽车上的各处都配置有车身系统的部件。因此，线束变长，容易受到干扰的影响。为了防干扰，应尽量降低通信速度。在车身系统中，因为人机接口的模块、节点的数量增加，通信速度控制将不是问题，但成本相对增加，对此，人们正在摸索更廉价的解决方案，目前常常采用直连总线及辅助总线。

舒适 CAN 数据总线一般连接七个控制单元，包括中央控制单元、车前车后各一个受控单元及四个车门的控制单元。舒适 CAN 数据传递有七大功能：中控门锁、电动窗、照明开关、空调、组合仪表、后视镜加热及自诊断功能。控制单元的各条传输线以星状形式汇聚一点。这样做的好处是：如果一个控制单元发生故障，其他控制单元仍可发送各自的数据。该系统使经过车门的导线数量减少，线路变得简单。如果线路中某处出现对地短路，对正极短路或线路间短路，CAN 系统会立即转为应急模式或单线模式运行。数据总线以 62.5kbit/s 速率传递数据，每一组数据传递大约需要 1ms，每个电控单元 20ms 发送一次数据。优先权顺序为：中央控制单元→驾驶人侧车门控制单元→前排乘客侧车门控制单元→左后车门控制单元→右后车门控制单元。由于舒适系统中的数据可以用较低的速率传递，所以发送器性能比动力传动系统发送器的性能低。

2) 安全系统

安全系统指根据多个传感器的信息使安全气囊启动的系统，由于安全系统涉及人的生命安全，加之在汽车中气囊数目很多，碰撞传感器多等原因，要求安全系统必须具备通信速度快、通信可靠性高等特点。

3) 信息系统

信息系统在车上的应用很广泛，例如车载电话、音响等系统的应用。对信息系统通信总线的要求是：容量大、通信速度非常高。通信媒体一般采用光纤或铜线，因为此两种介质传输的速度非常快，能满足信息系统的高速化需求。

4) 动力系统

在动力传动系统中，数据传递应尽可能快速，以便及时利用数据。CAN 数据总线连接点通常置于控制单元外部的线束中，在特殊情况下，连接点也可能设在电控单元内部。

2. 电动汽车车载网络系统原理

图 2-5 为电动轿车 CAN 总线系统原理框图，由中央控制器、电池管理系统、电机控制系统、制动控制系统、仪表控制系统组成。各个控制器之间通过 CAN 总线进行通信，以实现传感器测量数据的共享、控制指令的发送和接收等，并使各自的控制性能都有所提高，从而提高系统的控制性能。它们之间的通信与信息类型为信息类和命令类。信息类主要是发送一些信息，如传感器信号、诊断信息、系统的状态。命令类则主要是发送给其他执行器的命令。通信有以下主要内容。

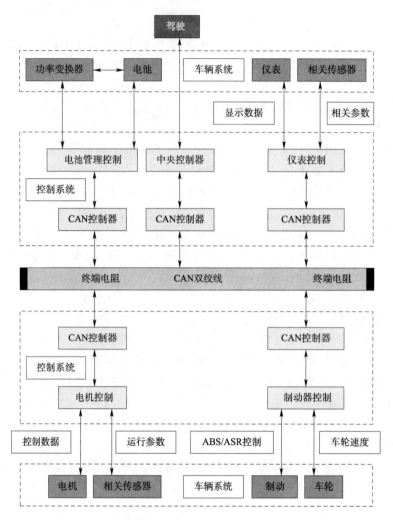

图 2-5 电动轿车 CAN 总线系统原理

(1) 车辆起动时的自检。中央控制器负责向各个模块发送自检命令,并收集各个模块的返回信息。通过分析处理,及时地发现问题,解决问题。

(2) 加速过程通信。加速操作时,中央控制器采集加速踏板信号。根据控制策略,通过 CAN 总线设置电机转速、电池管理系统参数等。

(3) 制动过程通信。制动过程中,制动踏板信号直接下传到 ABBS 控制器,同时通过 CAN 总线上传到中央控制器。中央控制器根据控制规划,通过 CAN 总线设置电机转速、电池管理系统参数等。

(4) 周期性数据刷新通信。电机控制器采集电机的电枢电流、电机转速,判断是否缺相,接收设定转速;电池管理控制器采集电池温度、荷电状态,接收是否充电指令、充电门限系数;制动控制器采集车轮转速,接收执行制动指令;仪表控制器采集并显示电机转速、车速、电池的荷电状态值等。

(5) 运行过程中监控。在车辆运行过程中,检测总线上数据帧的收发情况,及时发现总线异常,自动做出紧急处理,甚至向驾驶人发出警报。

3. 与CAN总线系统相关的ECU工作状态描述

连接在CAN总线上的ECU的工作状态很大程度上决定了CAN总线的使用情况，并且ECU工作状态之间的切换涉及信息列表中各信息的优先级设置、总线的唤醒策略和故障排除与自修复等问题。该系统中ECU的工作状态可分为以下6类。

（1）上电诊断状态。ECU上电后，应有一个初始化过程。在完成本模块的初始化后，应发送网络初始化信息，同时监听其他节点的网络初始化信息。通过网络初始化信息的交换，ECU判断整个网络是否完成初始化过程，是否能够进入正常工作状态。

（2）正常工作状态。在正常工作状态下，ECU之间通过CAN总线进行通信，以实现传感器测量数据的共享、控制指令的发送和接收等。当休眠条件满足时，ECU从正常工作状态转入休眠状态；当CAN模块故障计数器的计数值为255时，ECU从正常工作状态转入总线关闭状态。

（3）休眠状态。该状态下，ECU及其模块处于低功耗模式。一旦接收到本地唤醒信号（本地触发信号）或远程唤醒信号（CAN总线激活信号），就从休眠状态转入正常工作状态，其间需要使用网络初始化信息。

（4）总线关闭状态。处于总线关闭状态的ECU延迟一段时间后，复位CAN模块，然后重新建立与CAN总线的连接；若连续几次都无法正常通信，则ECU尝试将通信转移到备用总线上，若转移成功，则发送主总线故障信息。

（5）掉电状态。关闭电源时，ECU所处的状态。

（6）调试及编程状态。该状态用于调试与系统软件升级。

4. CAN总线技术

CAN是控制器局域网络（Controller Area Network）的简称，是德国博世（Bosch）公司为解决现代汽车控制系统之间的数据交换而开发的一种串行数据通信协议，并最终成为iso国际标准ISO 11898（高速应用）和ISO 11519（低速应用），是国际上应用最广泛的现场总线之一。

汽车上CAN总线主要用来实现车载各电控单元之间的信息交换，形成车载网络系统，CAN数据总线又称为CAN-BUS总线。它具有信息共享、减少了导线数量、大大减轻配线束的质量、控制单元和控制单元插脚最小化、提高可靠性和可维修性等优点。

一个由CAN总线构成的单一网络中，理论上可以挂接无数个节点，但实际应用中，所挂接的节点数目会受到网络硬件的电气特性或延迟时间的限制。使用计算机网络进行通信的前提是：各电控单元必须使用和解读相同的"电子语言"，这种语言称为"协议"。汽车电脑网络常见的传输协议有多种，为了实现与众多的控制与测试仪器之间的数据交换，就必须制定标准的通信协议。随着CAN在各种领域的应用和推广，1991年9月Philips Semiconductors制定并发布了CAN技术规范（Version 2.0）。该技术包括A和B两部分。2.0A给出了CAN报文标准格式，而2.0B给出了标准的和扩展的两种格式。1993年11月ISO颁布了道路交通运输工具——数据信息交换——高速通信局域网国际标准ISO 11898，为控制局域网的标准化和规范化铺平了道路。美国的汽车工程学会（SAE）2000年提出的J1939，成为货车和客车中控制器局域网的通用标准。

1）CAN数据传输系统的构成

CAN数据传输系统中每块控制单元的内部增加了一个CAN控制器、一个CAN收发器，每块控制单元外部连接了两条 CAN 数据总线,如图 2-6 所示。

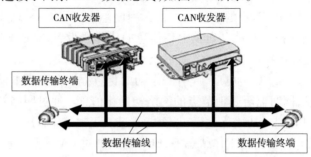

图 2-6 CAN 数据传输系统的组成

在系统中作为终端的两块控制单元,其内部还装有一个数据传递终端(有时数据传递终端安装在控制单元外部)。

(1)CAN 控制单元。CAN 控制单元的作用是接受控制单元中微处理器发出的数据,处理数据并传给 CAN 收发器。同时 CAN 控制器也接收收发器收到的数据,处理数据并传给微处理器。

(2)CAN 收发器。CAN 收发器是一个发送器和接收器的组合,它将 CAN 控制器提供的数据转化成电信号并通过数据总线发送出去,同时,它也接收数据总线,并将数据传到 CAN 控制器。

(3)数据传输终端。数据传输终端实际是一个电阻,作用是终端电阻可以防止数据在到达线路终端后像回声一样返回,并因此而干扰原始数据,从而保证了数据的正确传送,终端电阻装在控制单元内。

(4)CAN 数据总线。CAN 数据总线用以传输数据的双向数据线,分为 CAN-H 高位和 CAN-L 低位数据线。数据没有指定接收器,数据通过数据总线发送给各控制单元,各控制单元接收后进行计算。为了防止外界电磁波干扰和向外辐射,两条数据线缠绕在一起,要求至少每 2.5cm 就要扭绞一次,两条线上的电位是相反的,电压的和恒等于常值,如图 2-7 所示。

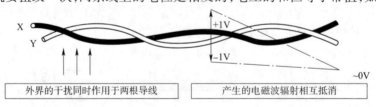

图 2-7 CAN 数据总线

CAN 总线是一种多主总线,通信介质可以是双绞线、同轴电缆或光导纤维。

(1)双绞线。双绞线能传输模拟信号和数字信号,通信距离可达几千米到十几千米,当通信距离长时,要加放大器或中继器。双绞线电缆中封闭着一对或一对以上的双绞线,在其外面包上硬的护套。每一对双绞线由两根绝缘铜导线按一定密度互相绞合在一起,以降低信号干扰。每根铜导线的绝缘层上分别涂以不同的颜色以示区别。

(2)同轴电缆。同轴电缆由内导体铜导线、绝缘层、网状编织的外导体屏蔽层及塑料保护层构成,铜芯线与网状导体同轴,称同轴电缆。同轴电缆的屏蔽性能和抗干扰性能优于双绞线,具有较高的带宽和较低的误码率。通常传输速率越高,传输距离越短。

(3)光导纤维。光导纤维没有网状屏蔽层,中心是光传播的玻璃芯。多条光纤组成一束构成光纤电缆,简称光缆。光纤传输信号不受电磁干扰的影响,其传输频带非常宽,数据传输速率非常高,误码率很低,传输损耗小,中继距离长,抗电磁干扰性能很强,保密性好、质量轻、体积小等,因此光缆是数据传输中最有效,最有前途的一种传输介质。

CAN被设计作为汽车环境中的微控制器通信,在车载各电子控制装置ECU之间交换信息,形成汽车电子控制网络。其工作采用单片机作为直接控制单元,用于对传感器和执行部件的直接控制。每个单片机都是控制网络上的一个节点,一辆汽车不管有多少块电控单元,不管信息容量有多大,每块电控单元都只需引出两条导线共同接在节点上,这两条导线就称作数据总线(Bus)。CAN数据总线中数据传递就像一个电话会议,一个电话用户就相当于控制单元,它将数据"讲入"网络中,其他用户通过网络"接听"数据,对这组数据感兴趣的用户就会利用数据,不感兴趣的用户可以忽略该数据。

2)CAN数据的传递过程

每条数据的传递包括以下5个过程:

(1)提供数据:控制单元向CAN控制器提供需要发送的数据。
(2)发送数据:CAN收发器接收由CAN控制器传来的数据,转为电信号并发送。
(3)接收数据:CAN系统中,所有控制单元转为接收器。
(4)检查数据:控制单元检查判断所接收的数据是否是所需要的数据。
(5)接收数据:如果接收的数据是所需数据,它将被接受并进行处理,否则,忽略掉。整个数据传递过程如图2-8所示。

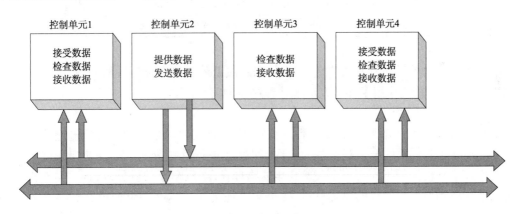

图2-8 CAN数据的传递过程

例如:发动机电脑向某电脑CAN收发器发送数据,某电脑CAN收发器接收到由发动机电脑传来的数据,转换信号并发给本电脑的控制器。CAN数据传输系统的其他电脑收发器均接收到此数据,但是要检查判断此数据是否所需要的数据,如果不是将忽略掉。

3)CAN数据的构成

CAN数据总线在极短的时间内,在各控制单元间传递数据。一条数据的形成由7个区域组成,即开始域、状态域、检查域、数据区、安全域、确认域和结束域,如图2-9所示。

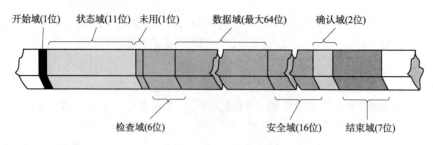

图 2-9 CAN 数据的构成

CAN 数据总线在极短的时间里完成一组数据传递,每组数据最多由 108 位组成,可以将其分为 7 部分,每一部分位数的多少由数据域的大小决定。"1 位"是信息的最小单位,指此时的电路状态,在电子学中,"1 位"只有"0"或"1"两个值,也就是说只有 0V 或 5V 两个状态。各区域的功能见表 2-1。

表 2-1 CAN 数据中各区域的功能

开始域(1 位)	标志数据传输开始,此时 CAN 高位传输线为 5V 电压,低位传输线为 0V 电压
状态域(11 位)	判断数据中的优先权,举例说明:如果两个控制单元同时发送各自的数据,接收控制单元对较高优先权的发送控制单元优先接收
检查域(6 位)	显示数据域中所包含的信息项目数,接收控制单元的接收器依据此项目数检查是否已经接收到所有传递过来的信息
数据域(最大 64 位)	是发送控制单元传递给接收控制单元的所有信息
安全域(16 位)	发送控制单元检测传递数据中是否有错误
确认域(2 位)	在确认域中,是由发送控制单元的发送器发出信号,通知接收控制单元的接收器,告知已经正确发送。如果接收器检查出错误,则立即通知发送器,发送器则再发送一次数据
结束域(7 位)	标志数据传递结束,也是发送器检查错误和再次发送数据的最后一次机会

4)先进的位仲裁

如果多个控制单元同时发送信息,那么数据总线上就必然会发生数据冲突,为了避免发生这种情况,CAN 总线采用了仲裁方法来处理这类冲突。

(1)先进的位仲裁

要对数据进行实时处理,就必须将数据快速传送,这就要求数据的物理传输通路有较高的速度。在几个站同时需要发送数据时,要求快速地进行总线分配。实时处理通过网络交换的紧急数据有较大的不同。一个快速变化的物理量,如汽车发动机负载,将比类似汽车发动机温度这样相对变化较慢的物理量,需要更频繁地传送数据并要求更短的延时。CAN 总线以报文为单位进行数据传送,报文的优先级结合在 11 位标识符中。具有最低二进制数的标识符有最高的优先级。这种优先级一旦在系统设计时被确立后就不能再被更改。总线读取中的冲突可通过位仲裁解决。例如,当 3 个站同时发送报文时,站 1 的报文标识符为 0111110,站 2 的报文标识符为 0100110,站 3 的报文标识符为 0100111。通过比较 3 个站的报文标识符,发现所有标识前面 2 位相同都为 01,直到第 3 位进行比较时,站 1 的报文被丢掉,因为它的第 3 位为高,而其他两个站的报文第 3 位为低。站 2 和站 3 报文的 4、5、6 位相同,直到第 7 位时,站 3 的报文才被丢失。注意,总线中的信号持续跟踪最后获得总线读取权的站的报文。在此例中,站 2 的报文被跟踪。这种非破坏性位仲裁方法的优点在于,在网络最终确定哪一个站的报文被传送以前,报文的起始部分已经在网络上传送了。所有未获得总线读取权的站都成为具有最高优先权报文的接收站,并且不会在总线再次空闲前发送报文。CAN 具有较高的效率是因为总线仅仅被那些请求总线悬而未决的站利用,这些请求是根据报文在整个系统中的重要性按顺序处理的。这种方法在网络负载较重时有很多优点。因为总线读取的优先级已被按顺序放在每个报文中了,这可以保证在实时系统中较低的个体隐伏时间。对于主站的可靠性,由于 CAN 协议执行非集中化总线控制,所有主要通信,包括总线读取(许可)控制,在系统中分几次完成。这是实现有较高可靠性的通信系统的唯一方法。

(2)具体工作过程措施

①控制单元发送的每个信息都要分配优先权,且不同的信息量具有不同的优先权(优先权隐含在数据的"标识符"中),优先权高的信息优先发送。

②所有的控制单元都是通过各自的 RX 线来跟踪总线上的一举一动,并获知总线的状态。

③请求发送信息的控制单元,每个发射器将对 TX 线和 RX 线的状态一位一位地进行比较,它们可以不一致。

④CAN 是这样来进行调整的:如果某个控制单元向外发送"1"(TX 线为 1),但通过 RX 线在总线接到"0"。则该控制单元中控退出对总线的控制,转为接收信息,故可保证按重要程度的顺序来发送信息。规则:标识符中的号码越小,表示该信息越重要,这种方法称为仲裁。

例如,现在有三个控制单元,发动机控制单元、ABS 控制单元和仪表同时向外发送信息,其中发动机控制单元向外发送的信息为"10101010",ABS 向外发送的信息为"10101011",仪表向外发送的信息为"10111111"。

三个控制单元向外发送信息的第 1 位、第 2 位、第 3 位是一样的,都是"101",此时不存在冲突,但三个控制单元向外发送的第 4 位不同,此时仪表的第 4 位为"1",其他两个控制单元的第 4 位为"0"。根据三个收发器耦合在一根总线的原理,如图 2-10 所示,三个收发器耦合于一根总线,此时总线的状态应为"0",对仪表控制单元来说,它向外发送"1"(TX 状态 1),但接收到是"0"(RX 状态 0)。根据仲裁原则,仪表控制单元停止发送信息,转为接收状态,该信息等待下一次发送周期,再次请求发送。

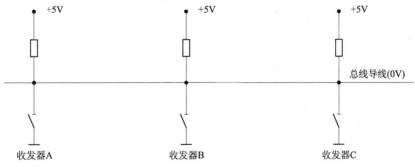

图 2-10 三个收发器耦合于一根总线

同理,发动机控制单元和 ABS 控制单元继续向外发送信息的第 5 位、第 6 位、第 7 位

(101),且这3位的信息是一样的,不存在冲突。在发送第8位时,发动机控制单元的第8位为"0",而ABS控制单元的第8位为"1",根据三个收发器耦合于一根总线的原理,如图2-11所示,此时总线的状态应为"0",对ABS控制单元来说,它向外发送"1"(TX状态1),但接收到的是"0"(RX状态0),根据仲裁原则,ABS控制单元停止发送信息,转为接收状态,该信息等待下一次发送周期,再次请求发送。

结果,发动机控制单元接管数据总线控制权,继续发送剩余的信息,最终数据总线的信息与发动机控制单元向外发送的信息是一样的,如图2-11所示。

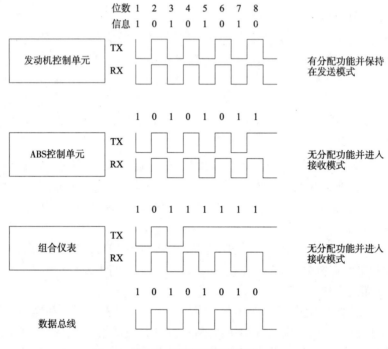

图2-11 发动机发送的信息

表2-2所示为信息与标识符。从表2-2可看出,当数个控制单元要同时发送信息时,转向角传感器拥有最高的优先级别,它的信息就先被发送。

说明: 数字最小的(前面的"0"最多),优先级别最高,由于转向角传感器标识符数字最小,所以优先级最高,数字最先传递。

信息与标识符　　　　　　　表2-2

标 识 符	二 进 制	十 六 进 制
发动机1	010 1000 0000	280
制动	010 1010 0000	2A0
仪表	011 0010 0000	320
转向角传感器1	000 1100 0000	0C0
自动变速器1	100 0100 0000	440

三、新能源汽车车载互联一体机组成

(一)新能源汽车车载互联一体机由来

科技的发展正在迅速地改变着人类的生活习惯,移动互联网使世界变得越来越小。而这些技术同样发生在如今的汽车上,从最初的导航、蓝牙、影音的独立操作晋升为更加方便快捷的人机交互系统。

如今,车载移动互联则是将每一辆单体行驶在公路中的车辆与世界联系在一起,利用网络将汽车与手机(移动设备)、与呼叫中心,甚至与其他车辆密切地联系在一起。

(二)新能源汽车车载互联一体机功能

随着汽车科技的发展,汽车已经不再是单纯的代步工具。从汽车发明之初,人们就已经意识到车辆作为载体可以为人类的汽车生活提供便捷性以外还可以提供更多的舒适性。根据外界科技发展,收音机、CD 机、甚至是 DVD 的变化,蓝牙技术的运用以及导航系统的应运而生,爆发式的科学技术无一例外的装备在了汽车的身上,而这一切都只有一个目的——人性化。

车载娱乐系统与科技发展有着千丝万缕的联系,在科技基础普及至消费者日常生活之后,衍生至汽车零部件的一种发展模式,而这种模式直到今天同样适用。可以说,车载娱乐系统一跃变身为移动互联系统只是最近几年,是由于近年来移动互联网的飞速发展而造就的。

1. 播放源

在 CD 机还未诞生之前,卡带式播放器与收音机的组合还是车载娱乐系统的主流,而这也不过是短短十几年前。随着播放系统的发展,CD-ROM、DVD-ROM 以及 MP3 的孕育而生为车载娱乐系统提供了更多主流播放源的选择,而这也只是车载娱乐系统的一条支线。

2. 导航系统

车载导航是随着美国全球定位系统(Global Positioning System)的完善而开始的,GPS 是美国经过 20 多年的发展研究于 1994 年 3 月完成的,全球覆盖率达到了 98%,由 24 颗 GPS 卫星星座组成。之后民用 GPS 技术运用在汽车制造技术之中,导航系统本身装有储存电子地图信息的 CD-ROM,通过 GPS 卫星信号确定的位置坐标与此相匹配,便可确定汽车在电子地图中的准确位置。

随后的过程,随着导航技术的发展,更多的导航系统将电话、蓝牙以及 VCD/DVD 甚至电视等娱乐功能集于一身,从而形成了第二代"多媒体导航系统",这套导航系统的原理与第一代"自助导航"原理相同,人们大可以将其看做一种功能升级。而恰恰是导航系统的这一次升级,将车内的娱乐系统进行了整合,完成了车载娱乐系统的完善。

3. 触屏技术

在经历了第一个阶段过后,汽车的功能越来越强大,同时也普及至更低级别的车型之中。然而棘手的问题随之而来,越来越多的功能与越来越多的按键开始成为驾驶人的烦恼,操作起来的不便利以及可能会影响到行车安全的庞杂按键在随后的发展过程中因"触屏技术"的出现迎刃而解,触屏技术将繁杂的控制面板整合进一块功能丰富的液晶屏中,这样操作起来则更加方便快捷。

4．语音控制

另外,"语音控制"技术同样在这之中起到了关键的作用,车辆系统通过对人声指令的识别进行操作,大大减少了行车过程中驾驶人对于系统操作而分散的注意力,提高了行驶安全性。这项功能已经在多数品牌的车型中搭载,只不过由于整体技术还并不成熟,这项技术在实际运用中还不能得到广泛认可。

5．在线服务

提到在线服务就不得不提在这个领域中的两大系统:通用安吉星 Onstar 以及丰田 G-book 两大系统。这两套系统皆是通过强大的远程呼叫中心提供信息服务。这套系统最大化的提供了人与呼叫中心的便利性,不受系统语音操作的局限性,不过庞大的在线服务团队使得呼叫成本大大增加。

技能实训

新能源汽车空调系统制冷剂加注

(一)准备工作

(1)场地设施:举升机、装有尾气抽排系统和消防设施的场地。

(2)设备设施:荣威 E50 整车、车轮挡块、防护套件、空调加注抽真空一体机、电子温度检测仪。

(二)实训过程

(1)安装车内及车外车辆防护套件。

(2)检查汽车空调制冷效果。(检查鼓风机的转速是否正常)

(3)检查车辆水温是否正常。

(4)打开引擎盖,将一体机高低压软管连接至空调系统高低压管路。

(5)回收制冷剂检查高低压压力变化,如图 2-12 所示。

(6)抽真空 15min,如图 2-13 所示。

(7)保压(5min 检查真空表数值是否正常)。

(8)使用一体机向空调管路加注制冷剂并设置加注量,如图 2-14 所示。

(9)加注完毕,使用电子温度传感器检查车内空调出吸气压力及风口温度,如图 2-15、图 2-16 所示。

图 2-12 回收加注机高低压表

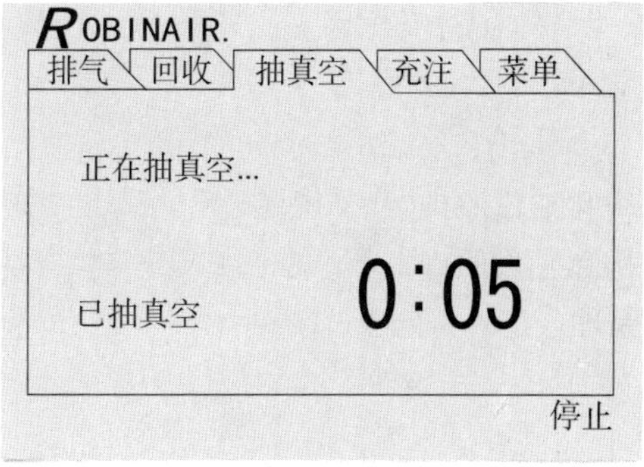

图 2-13　抽真空

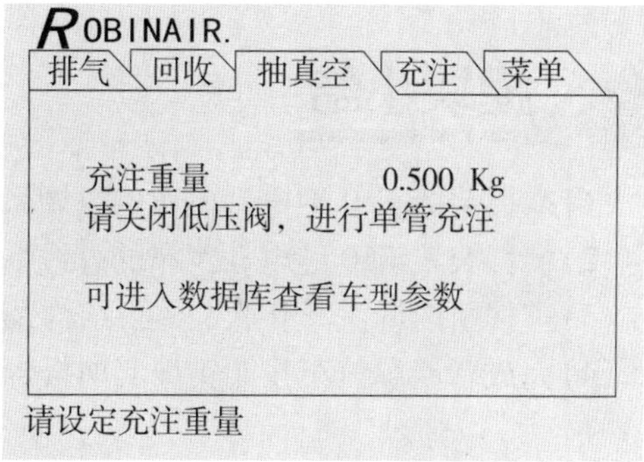

图 2-14　加注量设定

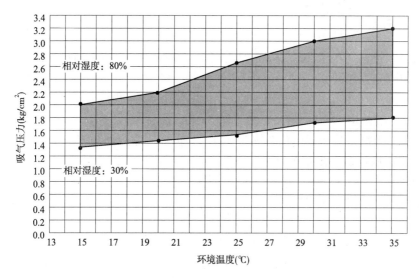

图 2-15　吸气压力与温度变化

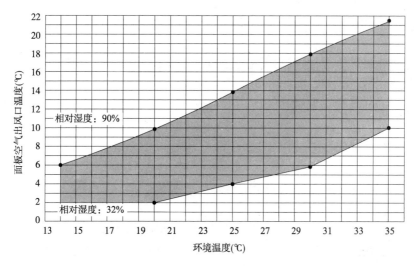

图 2-16　出风口温度与环境温度变化

模块小结

(1) 掌握荣威 E50 纯电动汽车的空调系统结构和工作原理。
(2) 掌握荣威 E50 纯电动汽车的总线系统结构和工作原理。
(3) 掌握新能源汽车互联一体机结构及工作原理。
(4) 完成新能源汽车技能实训实训报告。

思考与练习

(一) 判断题

1. 电动汽车的高压电气系统主要由动力电池/燃料电池、驱动电动机和功率转换器等大功率、高电压电气设备组成。 (　　)
2. 电动汽车低压电气系统主要有 DC/DC 功率转换器、辅助蓄电池和若干低压电气设备组成。 (　　)
3. LIN 是用于汽车分布式电控系统的一种新型低成本串行通信系统。 (　　)
4. 热泵型空调控制系统是在原有燃油汽车上进行改进的,压缩机是由永磁无刷直流电动机直接驱动。 (　　)
5. 空调系统作为电动汽车功耗最大的辅助子系统,其功耗占所有辅助子系统功耗的 60%~70%。 (　　)
6. 电动汽车电池操作窗 SOC 的合理范围是 30%~70%。 (　　)
7. 热电空调系统特点之一是改变电流方向即可产生制冷、制热的逆效果。 (　　)
8. 电池组的热平衡管理功能是通过风扇冷却系统和热电阻加热装置使电池温度处于正常工作温度范围内。 (　　)
9. 纯电动汽车的整车控制系统中,高速 CAN 总线主要连接电动汽车的驱动系统。 (　　)
10. 热泵型空调控制系统,当车内温度 27℃,相对湿度 50% 的工况下,系统稳定时它能以 1kW 的能耗获得 2~9kW 的制冷量。 (　　)

(二) 选择题

1. 在车载各 ECU 间各使用的多路通信称为(　　)。
   A. LIN　　　　B. CAN　　　　C. NVH　　　　D. CTV
2. 多路传输系统中,B 类是面向独立模块间数据共享的中速网络,位速率在(　　),主要应用与车身电子舒适性模块、仪表显示等系统。
   A. 10kbit/s　　　　　　　　　B. 10~125kbit/s
   C. 100~250kbit/s　　　　　　D. 125kbit/s~1M bit/s
3. 为了实现信息共享而把多条数据总线连在一起,或者把数据总线和模块当做一系称为( )。

A. 网络　　　　　B. 网关　　　　　C. 模块　　　　　D. CAN

4. 如果系统可以发送和接收数据,则这样的数据总线就称为( )。

A. 单向数据总线　　B. 双向数据总线　　C. 多路传输　　D. 以上均不对

5. ( )是面向传感器和执行器控制的低速网络,数据传输位速率通常小于10kbit/s,主要用于后视镜调整、电动车窗、灯光照明等控制。

A. A类　　　　　B. B类　　　　　C. C类　　　　　D. D类

6. ( )是面向独立模块间数据共享的中速网络,位速率在10～125kbit/s,主要应用于车身电子舒适性模块、仪表显示等系统。

A. A类　　　　　B. B类　　　　　C. C类　　　　　D. D类

7. ( )是面向高速、实时闭环控制的多路传输网,位速率在125kbit/s～1Mbit/s,主要用于牵引控制、先进发动机控制、ABS等系统。

A. A类　　　　　B. B类　　　　　C. C类　　　　　D. D类

8. 热泵型空调控制系统,当环境温度为-10℃,车内温度为25℃,以1kW的能耗可以获得( )的制热量。

A. 8.3kW　　　　B. 6.3kW　　　　C. 4.3kW　　　　D. 2.3kW

(三)简答题

1. 整车控制器在汽车行驶过程中执行多项任务,具体功能有哪些?
2. 热电空调有哪些特点?
3. 简要介绍车载式一体机功能。

模块三　新能源汽车驾驶辅助系统

 学习目标

1. 掌握新能源汽车车道偏离系统结构和原理；
2. 掌握新能源汽车疲劳预警系统结构和原理；
3. 了解新能源汽车自适应照明系统结构和原理；
4. 完成实训报告。

 建议课时：6课时。

一、新能源汽车车道偏离系统

根据美国联邦公路局的估计，美国2002年致命的交通事故中44%跟车道偏离有关，同时车道偏离也被看成车辆侧翻事故的主要原因。AssitWare 网站的分析结果认为：23%的汽车驾驶人一个月内至少在转向盘上睡着一次；66%的货车驾驶人自己在驾驶过程中打瞌睡；28%的货车驾驶人在一个月内有在转向盘上睡着的经历。四个驾驶人中就有一个驾驶人经历过车道偏离引起的伤亡事故。

截至2009年年底，中国公路通车总里程达386.08万km，其中高速公路6.51万km，全国城市道路总里程达26.7万km。同时随着我国高等级公路通车里程的增加，高速行驶的机动车安全性也越来越受到社会的关注。以2011年上半年为例，特别重大道路交通安全事故就有多起。道路交通安全形势严峻。

美国公路交通安全管理局对车道偏离预警系统的定义，是指一种通过报警的方式辅助驾驶人避免或者减少车道偏离事故的系统。一个车道偏离预警系统不会试图控制车辆以防止可能发生的碰撞事故。美国国家公路交通安全管理局开展的"采用智能车辆道路系统对策的道路偏离避撞警告项目"研究将车辆偏离预警系统分为"纵向"和"横向"车道偏离警告两个主要功能。纵向车道偏离警告系统主要用于预防那种由于车速太快或方向失控引起的车道偏离碰撞，横向车道偏离警告系统主要用于预防由于驾驶人注意力不集中以及驾驶人放弃转向操作而引起的车道偏离碰撞。

作为安全辅助驾驶技术（Safety Driving Assist，SDA）的重要组成部分之一，车道偏离预警技术是近年来安全辅助驾驶研究领域的一个重要方向，已经受到越来越多的关注。

（一）车道偏离预警技术现状简介

从 2000 年开始，车道偏离预警技术就已经在欧洲、美国的商用车上广泛应用，现在逐渐应用在乘用车当中，豪华轿车成了这类系统首先普及的地方。从 2005 年开始，法国雪铁龙 C4、C5、C6 等产品就已经运用装设在前方保险杠上红外线传感器监测路面上车道标志，当车辆发生偏离车道情况时，以振动座椅的方式提醒驾驶人返回车道。

车道偏离预警系统已经商业化使用的产品都是基于视觉的系统，根据摄像头安装位置不同，可以将系统分为：侧视系统（摄像头安装在车辆侧面，斜指向车道）和前视系统（摄像头安装在车辆前部，斜指向前方的车道）。无论是侧视系统还是前视系统，都由道路和车辆状态感知、车道偏离评价算法和信号显示界面三个基本模块组成，如图 3-1 所示。系统首先通过状态感知模块感知道路几何特征和车辆的动态参数，然后由车道偏离评价算法对车道偏离的可能性进行评价，必要的时候通过信号显示界面向驾驶人报警。

图 3-1　车道偏离结构图

目前，国外有代表性的车道偏离预警系统有 AURORA 系统、AutoVue 系统、Mobileye_AWS 系统、DSS 系统（Driver Support System）。

例如，DSS（Driver Support System）系统是由日本三菱汽车公司于 1998 年提出，并于 1999 年秋季应用于模型车上。由一个安装在汽车后视镜内的小型摄像机、一些检测车辆状态和驾驶人操作行为的传感器以及视觉和听觉警告装置组成。该系统利用由摄像机获得的车辆前方的车道标识线、其他传感器获得的车辆状态数据和驾驶人的操作行为等信息，判断车辆是否已经开始偏离其车道。如有必要，系统将利用视觉警告信息、听觉警告信息以及振动转向盘来提醒驾驶人小心驾驶车辆。该系统的特别之处在于，它能产生一个促使车辆回到自身车道中央的转向力矩，促进驾驶人采取正确的驾驶行为。利用这种方法来判断是否发出预警的。当然，该力矩不足以干涉驾驶人自己施加的转向力矩，从而保证驾驶人对车辆的完全控制。

国内车道偏离预警系统具有代表性的有 JLUVA-1 系统和基于 DSP 技术的嵌入式车道偏离报警系统。

JLUVA-1 系统由吉林大学智能车辆课题组开发。该系统是基于单目视觉的前视系统，主要由车载电源、嵌入式微机、显示设备、黑白 CCD 摄像机、数据线、音箱以及图像采集卡等组成。系统利用安装在汽车后视镜位置处的 CCD 摄像机采集汽车前方的道路图像，通过图像处理获得汽车在当前车道中位置参数，一旦检测到汽车距离自身车道白线过近有可能偏入邻近车道而且驾驶人并没有打转向灯时，该系统就会发出警告信息提醒驾驶人注意纠正这种无意识的车道偏离，从而尽可能地减少车道偏离事故的发生。

DSP 技术的嵌入式车道偏离报警系统由东南大学开发，由模/数转化及解码电路模块、缓冲电路模块、媒体处理器 DSP 电路模块、编码及数/模转换电路模块等模块组成。该系统通过车载摄像头采集被跟踪车道线的模拟视频信号,经解码生成数字信号码流缓冲后送到高速媒体处理器 DSP 的视频接口,然后再由视频处理模块对数字视频信号进行车道特征值的提取,最后将处理后的视频信号送编码及数/模转换电路输出显示。

在以"汽车世界"为主题的 2010 巴黎国际车展上,大众汽车凭借其变道辅助系统,即车道偏离预警系统(Lane Departure Warning System),荣获了"欧洲新车安全评鉴协会高级安全奖"。

车道偏离预警系统的生产成本大约为 1 万元人民币,目前主要应用于国外生产的一些重型货车和长途客车上,在奔驰、宝马、奥迪、雷克萨斯等高档轿车上也多为选装件。

车道偏离预警系统几个技术问题的实现方式的思考。

1. 存在车辆干扰时车道线如何准确识别

在车辆偏离预警系统研究领域,车道线识别对车道偏离报警与车道保持等主动安全系统是一项关键技术。道路上行驶的其他车辆常常会干扰车道线的识别。在车道线附近的车辆会使得识别的车道线偏离正确方向。当车道线被车辆遮蔽的区域较大时,甚至会导致车道线的识别失败。

为解决车辆的干扰问题,提出了一种结合车辆识别的车道线识别方法。结合雷达数据,车辆识别模块首先在图像中识别出车辆占据的区域。对于每一个车道线识别模块挑出的车道线候选点进行判断,去除处于车辆区域的车道线点;如果有效车道线点数目不足,则利用卡尔曼滤波的跟踪结果,确定符合最小风险函数的车道线位置。经过多种工况下的试验验证,该方法能够稳定地对车道线进行识别,准确地提取车道线参数,并且算法对车辆干扰有良好的抵抗能力。

设计的能够抵抗车辆干扰的车道线识别算法结构如图 3-2 所示。

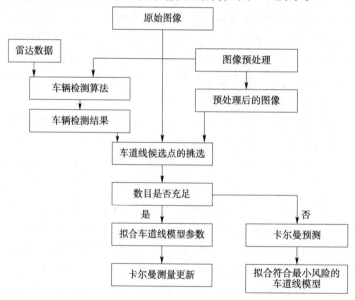

图 3-2 抵抗车辆干扰的车道线识别算法结构图

利用方向可调滤波器对图像进行预处理之后,能够有效强化车道线信息,抑制噪声并去除图像的无用信息。结合雷达数据,车辆检测算法能够识别出前方行驶的车辆在图像中占据的位置,然后对车道线候选点进行判断,去除位于车辆占据区域内的车道线点。对于剩余的有效车道线点,如果其数目充足,则直接利用这些点进行车道线模型参数的拟合,并根据拟合结果进行卡尔曼测量更新。如果数目不足,则根据卡尔曼预测的结果,按照最小风险函数准则拟合车道线模型参数。

对车道线模型进行匹配之后,需要对结果的置信度进行检验,如果符合置信度要求,则进入车道线跟踪阶段。如果不符合,则重新启动车道线的检测。

车道线候选点的挑选问题。建立直线模型用来描述近视场区域的车道线,二次曲线模型用来描述远视场区域的车道线。算法启动后,进入车道线的初始检测。在利用 EDF 方法找到近视场区域的车道线方向并使用方向可调滤波器进行了图像预处理之后,利用霍夫变换(Hough Transform,HT)找到车道线的大致位置,随后在其附近搜索车道线的内侧点(即左车道线的右侧点和右车道线的左侧点),将这些点作为车道线的候选点。对远视场区域内车道线的初始检测利用近视场区域内车道线的方向特性。

完成初始检测之后,需要对检测到的车道线置信度进行确认,包括车道线的平行度、宽度以及用来拟合的车道线点的数目等。如果能够通过置信度检测,则进入车道线跟踪。在跟踪阶段,根据上一轮检测到的车道线位置确定本幅图像的检测范围,并同样搜索车道线的内侧点作为车道线的候选点。每一帧图像跟踪结束之后同样接受置信度检测,如果低于置信度指标,则重新启动初始检测模块。

抵抗车辆干扰。如果直接对挑选出的车道线候选点按照车道线模型进行拟合,常常会受到前方行驶车辆的干扰而发生错误。

图中远视场车道线的识别因为前方车辆的影响而偏离了正确的位置和方向。为了能够抵抗车辆的干扰,在算法中加入了车辆识别模块。

算法主要由 4 个模块构成。

预处理模块负责对摄像机拍摄到的原始图像进行处理,从而得到后续识别所需要的图像,包括车辆下方的阴影图像、抽取出的水平边缘图像以及垂直边缘图像如图 3-3 所示。

图 3-3 摄像机示意图

跟踪模块根据上一轮的车辆识别结果,利用原始图像数据以及预处理后得到的图像数据对这些目标进行跟踪,如果确认目标依然存在,则划定为本轮检测到的车辆。如果目标已消失,则将此目标从跟踪档案中删除。使用车辆跟踪技术,可以降低算法的执行时间。

雷达探测模块将雷达数据和跟踪模块检测到的车辆位置进行对比,对于雷达新探测到的目标物,雷达探测模块负责在图像中进行确认,如果目标物得到确认,则加入本轮检测结果中。

视觉探测模块则对图像进行补充检测,对于跟踪模块和雷达探测模块已检测到的车辆区域,视觉模块不再进行重复检验,因此大大缩小了需要检测的图像区域。为了降低视觉模块的误检率,在此部分采用了较为严格的确认条件。

利用车辆检测算法获取道路上行驶的车辆在图像中占据的位置信息之后,对每一个车道线候选点进行判断,如果在车辆区域内,则剔除该点,仅对剩下的有效车道线点按照车道线模型进行拟合,这样可以去除车辆的存在对车道线识别造成的干扰。但是在前车距离本车很近、前方有车辆切入或者驶离本车道等情况下,车道线会有很大的区域被车辆遮蔽,当去除车辆区域内的干扰点之后,剩余的有效车道线点数目过少,不足以进行拟合操作。在这种情况下,需要利用卡尔曼滤波对本幅图像中的车道线位置进行预测。综合考虑卡尔曼滤波预测的结果、本幅图像中识别出的车道线点以及根据车道线等宽条件,由识别出的一侧车道线估计得到的缺失车道线点。

综上,该方法能够在多种路况下稳定运用,并且对拥挤、复杂的路况具备良好的抗干扰能力。算法的实时性较好,能够满足车辆的使用需要。下一步的工作需要进一步提高车辆识别的准确度,降低误检率和漏检率,改进车道线检测方法以适应大曲率道路的识别要求。

2. 如何保证系统的实时性和准确性

当车辆以 100km/h 的速度高速行驶时,1s 将通过约 30m 的距离,如果系统的不能及时提醒驾驶人的不安全驾驶,有可能造成危险的后果。接下来将根据相关图像处理方法和实验数据对系统的实时性和准确性的处理方法进行论述。

下面以安装在汽车内部后视镜位置的拍摄装置为例,通过具体的图像分析,讨论如何提高系统的实时性。

对于动态图像的处理,最终也是通过对每一帧静态图像的处理来实现的。图 3-4 所示为对每一帧静态图像处理的具体流程。

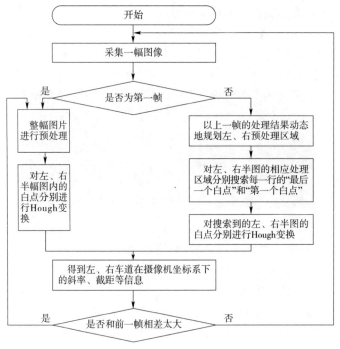

图 3-4　系统处理流程图

通过对比发现,在每一帧图像的处理过程中,系统感兴趣的部分是有车道线的路面部分。

系统启动后,第一帧图像必须在整幅图中搜索,寻找左右车道线。左车道位于图像的左半平面,右车道位于图像的右半平面,因此在车道检测过程中将图像分成左右两部分,分别识别左右车道线。

在这种查找模式下,有一种情况在现行的系统已得到解决。当采集图像的左、右两部分中只有一个查找到车道线,而另一部分未查找到车道线的情况下,如何快速查找到所有的车道线?解决这种情况的基础是车道线的宽度是标准的,在较小的范围内变化。当出现这种情况时,系统将计算出另一条车道的大概范围,调整摄像装置的扫描区域,尽快查找到另外一条车道线。

由于车道偏离预警系统的主要应运是在高等级公路上,而高等级公路的设计和建设都具有严格的行业标准,车速为120km/h时的极限转弯半径为650m,一般最小半径为1000m,近视野内白线完全可以近似为直线。因此在接下来的图像处理中,对系统最终确定的车道线均近似为直线。这为系统的处理节省了较大的资源。

接下来的图像,由于拍摄是连续的,图像序列中道路边界的位置不会出现突变。因此,下一帧的车道识别是以上一帧的识别结果为基础规划搜索区域的,这样可以减少计算量,提高算法的实时性。

通过这种算法,处理器的处理任务明显减少。其中的关键原则是在图像处理过程中,根据前一帧图像的处理后确定的车道线位置、斜率及截距等数据,推算下一帧图像中车道线的位置,并相应扩大区域,在处理图像时,优先对这部分感兴趣区域进行处理,从而在正常情况下尽快确定车道位置,提高系统的实时性。

通过以上讨论,此种方法在理论上对系统的实时性得到了较大程度的提高。

3. 车道偏离预警系统在内部硬件如何实现

下面以基于视觉的车道偏离预警系统的典型计算机控制为例,对车道偏离预警技术内部运算模块的组成及工作原理进行分析和介绍。

系统主要是通过视觉处理算法和应用于车道跑偏决策的软件算法得以实现。在基于机器视觉的系统中,实时性一直是一个主要的问题,尤其是像车道偏离预警这样的系统来说,要实现的算法更是覆盖了从图像预处理到高层视觉计算的整个视觉计算流程,既有底层的可高度并行实现的大数据量的卷积、灰度变换等规整算法,也包含有中层的特征提取等模式识别算法及高层的一些视觉处理方法,用以实现对道路的理解等。

图像数据是主要的传感器信号,获得高质量的图像数据,对后期的处理和功能的实现具有较大的意义。但是对于实际的应用环境,由于天气、光照等因素的影响,甚至是一系列特殊情况的出现,一般的图像传感器在各种条件下难以具有较好的鲁棒性。为了较好地适应各种道路和天气状况,保证驾驶的安全性,一般采用适合道路使用的CMOS数字摄像头芯片,自主开发了视觉采集模块,该摄像头芯片通过159位SPI控制字可完全编程控制,较好地实现对曝光时间、增益和噪声等的调节。同时,该摄像头芯片采用了一种多斜率的曝光模式输出,在不同的曝光模式下,控制曝光的时间也是不一样的,保证在光照过强或者光照条件非常弱的情况下,都可获得较好的图像。

从前端的图像采集模块,到最后的报警信号的输出,数据是不停地在FPGA(辅助逻辑控制和前端处理模块,主要完成图像的前期采集和一些类似直方图统计、卷积等底层的高密度图像处理工作)、SDRAM及DSP(高速计算芯片)之间进行传输和搬移,系统中的数据流程主要有以下四个方面:

(1)在FPGA中经过预处理的图像数据,首先必须存储到主存储芯片SDRAM中,这是后端高层处理的基础。

(2)DSP从SDRAM中读取最新的图像数据进行处理,并将处理的中间结果存于SDRAM中,这样的读写过程很可能是循环进行的,SDRAM的分块存储特性正适合这样的性能要求。

(3)为了系统调试的方便,很可能要求显示中间处理的结果,因此在FPGA上挂接了一块显示调试模块,调试时FPGA可从SDRAM中读取中间的处理结果进行显示。

(4)还有一种情况,某些情况下可能要求DSP和FPGA之间直接进行图像数据的传输。

综合上面的种种可能情况,考虑我们采用的DSP芯片同时支持FIFO和SDRAM芯片的无缝连接,设计了数据传输方案。

4.有意识转向与无意识转向的辨识

汽车在偏离原始轨道时有两种可能:一种是驾驶人有意地变换车道行驶,那么此时发出的警告则为错误信息,有可能会影响到驾驶人的正常行驶;另一种是驾驶人处于无意中状态,比如驾驶人注意力不集中或驾驶疲劳而引起的,此时的预警系统就会发挥其功能从而避免了事故的发生。

在实际的行驶过程中,系统是如何辨别驾驶人的有意识正常转向还是无意识状态下的危险行为?下面以系统的主要触发部件为中心,讨论系统的判别依据和判别过程。这里应该强调的是现行的车道偏离预警系统是根据多种触发部件的评价值综合判断系统的工作状态,不会仅仅依靠某一触发部件来完全控制车道偏离预警系统的状态,如图3-5所示。

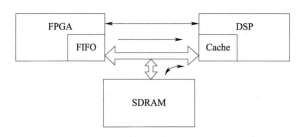

图3-5 数据传输方案

1)转向灯

现在通用的做法主要是如果转向灯打开,则自动抑制车道偏离预警系统。系统是以转向灯为参照标的。

这种实现方式的优点主要有以下几个方面。首先,系统识别简单。系统只需与转向灯的进行相应的连接,从而将问题简单化。其次,能够纠正驾驶人的不规则驾驶行为。如果驾驶人在不打开转向灯的时候进行变换车道的操作,系统会发出警报,提示驾驶人做出相应的操作,通过将系统的辨别功能交给驾驶人来完成。再次,系统的成本低。由于实现简单,元件价廉,因此这种方式在实际的应用过程中普及率较高。最后,系统稳定性好。

这种实现方式的缺点主要表现为对经常不打开转向灯的驾驶人,系统的预警率会明显提高,这会导致驾驶人主动将车道偏离预警系统关闭。

总的来说,基于转向灯触发的车道偏离预警系统是现阶段应用最广泛的一个。但随着系统的不断完善和人性化设计的需要,其发展及研究前景较小。

2) 车速

通过车速触发系统的应用也非常广泛。它的主要原理是当车速低于某一限定值(大众CC设定值为65km/h)时,系统自动关闭。反之,则触发系统进入工作状态。

这种系统的设计合理性我们分析主要有以下几个原因:第一,车辆在市区范围内,车速超过限定值的概率非常小。市区范围内的频繁变道和停车都使系统的适用范围受到较大限制。在低车速下,系统的自动抑制状态,为驾驶人提供了方便。第二,低速下车辆的危险性较低,系统的使用性及预警性不能很好地发挥。

这种方式也较为简便,且已经在商用车上广泛应用。

3) 转向器中轴的转矩 M(本组成员构想)

通过分析驾驶状态下驾驶人的状态,我们构想了通过转向器的受力情况来判断驾驶人的有意识转向与无意识转向。

首先对驾驶人的驾驶状态进行如下分析。

测正常行驶时驾驶人施加在转向盘上的力,那么人手搭载在转向盘上本身就有了一个压力,而且有的驾驶人在驾驶时转弯时用手掌搋转转向盘,不是紧握转向盘的旋转;另外,还要区分驾驶人是用两只手握还是一只手握,因为两只手和一只手的握力肯定不一样。

通过以上分析,我们发现,为了准确地测得驾驶人对转向器力的作用情况,排除各种状态下对力大小的干扰,我们取转向器中轴处的转矩 M 为参考量。无论驾驶人是以什么样的方式来转动转向器,最终都是以转矩 M 的形式反映在了转向轴上。这在最大限度上减少了沿转向盘轴向力的干扰,仅以转向轴的垂直面的受力情况为依据。

我们分析了正常驾驶状态、疲劳状态、注意力不集中三种情况下驾驶人对转向器的作用情况。大多数情况下,转向器中轴的转矩 M 存在一个临界值,当转向器中轴所受转矩大于限定值时,为驾驶人的主动转向(有意识转向)。反之,则为无意识转向,将激活车道偏离预警系统。

4) 转向器的角加速度 α

与转矩 M 的判别方法类似,我们很自然地想到了转向器的角速度 ω 和角加速度 α。接下来逐一分析如下。

转向器的角速度 ω。在不同情况下,转向器的转动角速度 ω 都是不确定的。我们几乎不可能找到一个确定的值作为系统触发的临界值。

经过同样的弯道,车速较低时转向器转角一般远远大于车速较高时的转向器转角。尤其是在车速相当高时,转向器转角一般都非常小,转向器的角速度 ω 也较小。低速时,转向器的角速度 ω 大多数情况下又很大。这些不确定因素都导致转向器角速度 ω 不能简单地作为车道偏离预警系统的触发条件。

我们对角速度 ω 求一阶导数便得到转向器的角加速度 α。根据 $M = J \cdot \alpha$ 可知,力矩是产生角加速的原因。由于转向器的转动惯量 J 为定值,因此转矩 M 与角加速度成正比。也就是说转向器的角加速度α能够作为系统的触发条件,其也存在一个临界值,当转向器中轴所具有的角加速度α大于临界值时,为驾驶人的主动转向(有意识转向)。反之,则为无意识转向,将激活车道偏离预警系统。

注:这里所说的转向器中轴的转矩M和转向器的角加速度α都是指瞬时值。

5) 驾驶人状态监控(本组成员构想)

驾驶人的状态监控主要是指在疲劳驾驶、注意力不集中的驾驶环境下对车道偏离预警系统触发与否进行控制。

主要方式是通过安装眼动仪等装置,监控驾驶人的状态。当发现驾驶人注视点不在设定的视野内时,将激活车道偏离预警系统。反之,对驾驶人监控的结果为正常。

对于疲劳驾驶,通过监测驾驶人眨眼的频率及持续时间来判断驾驶人的状态。如果发现眨眼频率或者持续时间超过设定值,则自动激活车道偏离预警系统。反之,对驾驶人监控的结果为正常。

5. 系统发出警示的判断方法和计算方法

绝大部分的车道偏离预警系统都将车辆在车道内的横向位置作为计算警告发生与否的基础。这些检测车辆横向位置的系统,基本上可以分为两类:基于道路基础构造的系统以及基于车辆的系统。

1) 基于道路基础构造的车道偏离预警系统

基于道路基础构造的车道偏离预警系统用来检测车辆横向位置,需要对现有道路进行改造。最典型的道路改造方式就是使用埋在道路下的铁磁体标记(通常为磁铁或电线)。车辆传感器检测这些铁磁信号,利用信号的强度计算车辆在车道中的横向位置。这种方法对车辆横向位置的估计精度能达到几厘米,但这种方法最大的缺陷是道路改造耗资巨大。主要有 RRS 和 TLC 等形式的系统。

RRS(Roadside Rumble Strips)是目前使用最广泛的,其横穿公路或沿公路边缘而筑的一系列凸起地带,目的是使驶过该路面的汽车隆隆振颤,提醒驾驶人减速行驶或注意公路边缘。

TLC(Time to Lane Crossing)是基于车辆将到达车道边界时间的预警算法,其时间的计算是通过在地面埋设有铁磁设备与行驶的车辆形成感应,并以此来计算车辆是否偏离车道的时间,当 TLC 值低于给定的时间阈值时就会发出警告声。

以上两种都是在驾驶人行驶时偏离车道时而起作用,但都有一定的局限性,对于 RRS 型,其需要一定的基础设施并不能在道路上大量使用,且其费用较大,决定其距离阈值也是一个问题。但其错误警告率相比较低,是大多数驾驶人可以接受的,警告时间相对又较短。TCL 可以提供较长的警告时间,但同时又伴随着较多的错误警告。

2) 基于车辆的车道偏离预警系统

该类系统主要是利用机器视觉或红外传感器检测车道标识的位置,按照传感器的安装方式,可分为俯视系统和前视系统。

基于车辆的俯视系统,其优势就是在结构化道路上效率高、简单易行,并有可能取得更高的定位精度。其不利的因素是只能在结构化道路上使用(必须存在道路标识,且道路标识能被有效识别)。

基于车辆的前视系统优势在于可以利用更多的道路信息,在没有道路标识的道路上也可以使用。其不利因素就是用来定位车辆横向位置的一些图像特征点可能被其他车辆或行人干扰。

对于如何使预警系统发出正确的警告,就要检测驾驶人是处于何种状态。目前有些系统在判断驾驶人是有意识还是无意识状态,是通过对转向盘上的传感器及转向灯是否开启来检测的。当车辆的转向灯信号开启时,说明驾驶人有意图转向,此时屏蔽系统的偏离车道预警功能。当本车距道路标识线的横向距离与横向车速的比值小于规定的时间时,认为车辆即将偏离车道行驶,需要报警。

例如,DSS(Driver Support System)的特别之处在于,它能产生一个促使车辆回到自身车道中央的转向力矩,促进驾驶人采取正确的驾驶行为。当然,该力矩不足以干涉驾驶人自己施加的转向力矩,从而保证驾驶人对车辆的完全控制。

系统的预警发生模型如图3-6所示。系统的预警算法如下:通过车辆距道路标识线的横向距离和横向速度估算车辆到达道路标线的时间,当时间小于设定阈值时启动车道偏离预警。车辆的横向速度可以通过横向距离的变化得到,由于计算车辆距道路标线的横向距离的采样周期较短(0.1s),在该段时间内认为车辆做横向匀速运动。车辆的横向分速度也可以由车速传感器获得的速度信号和横向偏转角确定,为减少测量误差的影响采用二者的平均值作为横向速度的取值。

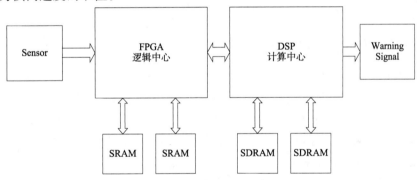

图3-6 系统的预警发生模型

车辆在车道中的横向位置用前车轮距道路标线的距离表示,车辆向左偏转时,用左前车轮距左道路标线的距离$|DE|$表示;车辆向右偏转时,用右前车轮距右道路标线的距离$|DE|'$表示。车辆在车道中的行驶方向用车辆纵向平面相对于道路标识线的偏转角ψ表示,车辆偏向左方时,ψ为正值;车辆偏向右方时,ψ为负值,计算公式为:

$$\begin{cases} \dfrac{|DE|'}{v_l} < T_c \\ |DE|' = |DF| - b_w \\ v_l = \dfrac{v_{l1} v_{l2}}{2} \\ v_{l1} = \dfrac{|DE|'_i - |DE|'_{i-1}}{\Delta t} \\ v_{l2} = v\sin\psi \end{cases} \quad (3-1)$$

车辆位置参数满足式(3-2)并且 $\psi>0$ 时,为车道偏离预警时刻,方向偏向左。

车辆位置参数满足式(3-1)并且 $\psi<0$ 时,为车道偏离预警时刻,方向偏向右。车辆偏移计算公式为

$$\begin{cases} \dfrac{|DE|}{v_l} < T_c \\ v_l = \dfrac{v_{l1}v_{l2}}{2} \\ v_{l1} = \dfrac{|DE|_i - |DE|_{i-1}}{\Delta t} \\ v_{l2} = v\sin\psi \end{cases} \quad (3-2)$$

式中: v、v_{l2} ——由速度传感器获得的瞬时速度及其横向分量;

v_l ——瞬时横向速度;

v_{l1} ——用横向距离计算的横向速度;

$|DE|_i$,$|DE|'_i$ ——分别代表第 i 帧的车辆横向位置;

$|DE|_{i-1}$,$|DE|'_{i-1}$ ——分别代表第 $i-1$ 帧的车辆横向位置;

b_w ——车辆轮距;

Δt ——采样时间间隔;

T_c ——车辆偏离车道预警的时间阈值,这里取 0.9。

(二)车道偏离预警系统的发展和拓展

随着我国社会经济快速发展和人民生活水平不断提高,汽车化进程不断加快,机动车消费需求旺盛。截至 2011 年 6 月底,全国机动车总保有量达 2.17 亿辆。其中,汽车 9846 万辆,摩托车 1.02 亿辆。截至 6 月底,全国私家车保有量达 7206 万辆,占汽车保有量的 73.2%,比 2010 年底上升 1.21 个百分点。个人汽车拥有率不断提高,反映出随着经济社会发展,人民物质生活水平不断提高,私家车作为群众出行的交通工具日益普及。

随着汽车的保有量的迅速增长,驾驶人的大众化,都为交通安全埋下了隐患。

这些都为安全辅助驾驶技术的发展创造了条件。作为安全辅助驾驶技术重要的组成部分,车道偏离预警系统的发展也出现了许多问题和新的发展方向。下面将对其中部分进行讨论。

1. 由辅助提醒逐渐加入主动转向

现在定义的车道偏离预警有一个明确的规定,即一个车道偏离预警系统不会试图控制车辆以防止可能发生的碰撞事故。不过在近年来已经商用的汽车上,车道偏离预警系统已经逐渐开始主动干预转向系统。下面介绍已经安装在多款大众车型上的车道偏离预警系统。

变道辅助系统(Lane Assist),即车道偏离预警系统,最早在 2008 年便开始应用于 Passat 和 Passat CC(对应国内的一汽 - 大众 CC)车型,目前在大众旗下很多车型都有配置这种系统,如新辉腾、奥迪 A4、A5、A6、A8、Q7 等,原理完全相同,只是实现的方面和表示形式略有不同而已。

大众弯道辅助系统通过按对应菜单键激活。驾驶人只要在大众CC或新辉腾车内配备的多功能显示器菜单上选择"Lane Assist"就能激活该系统。接下来,当车速达到65km/h,"变道辅助系统"就会处于激活状态,直到驾驶人选择禁用该功能。"变道辅助系统"通过后视镜上的摄像头来探测道路标记,无论行车线是实线还是虚线(例如车道中线的情况)都可以识辨。在单向道路上行驶时,无论道路标识线在车辆的左侧或是右侧,装载在大众CC车型上的"变道辅助系统"都可以为驾驶人提供很好的帮助,如图3-7所示。

图3-7 变道辅助系统模拟图

无意中启动弯道辅助系统,会有红色控制标志显示已激活。如果驾驶人无意中开启了"变道辅助系统",显示器上就会出现一个类似于路面车道图案的黄色控制标志,提示驾驶人该系统已激活。摄像机一旦发现道路标记,该标志就转为绿色,这表示该系统已完全启用。如果汽车看似非正常偏离了原本的车道,变道辅助系统就会干预继续转向。值得一提的是:这一转向干预的过程连续而顺畅。如果驾驶人双手完全离开转向盘,系统将会感应到,并发出提示音,同时,在多功能显示屏上发出"介入请求";随后该系统将会自动关闭。

Lane Assit通过后视镜上的摄像头来探测道路标记,无论行车线是实线还是虚线都可识辨。当然,驾驶人也可以通过适当增加控制力,来否决"变道辅助系统"。另外,如果驾驶人在驶过道路标记之前启动转向灯,车道偏离预警系统就不会做出反应。另要说明的是,只有在安装了可控的电动机械助力转向系统之后,"变道辅助系统"才能发挥作用;而可控的电动机械助力转向标配于多个大众车型上。

2. 车道预警系统的硬件利用将不断扩展

基于视觉的车道预警系统都有一个必备的配置——摄像装置,这也为系统的拓展奠定了基础。

摄像装置一般安装在车辆内部后视镜上方。目前,大范围应运的车道预警系统仅仅用于识别车道,对录制的原始图像没有有效利用起来。未来对于动态图像的应用将不仅仅限于这一单一功能。

目前,已经有部分车道预警系统拓展了功能。其中美保驭汽车智能科技有限公司研究的"黑匣子行车记录仪"就是其中比较成功拓展。

行车记录黑匣子通过视觉传感器,适时录取前言行车场景,对前方的行车行为和驾驶人的驾驶行为进行录制,前言发生任何情况可当作第一现场保险理赔和交警凭证,一般情况下可录72h的行车记录和行车信息。这项功能对于快速处理交通事故,最大限度地减轻事故带来的交通问题有很大帮助。同时,也提高了事故处理的准确性。

二、新能源汽车疲劳预警系统

(一)新能源汽车疲劳预警的源头

疲劳驾驶是当今交通安全的重要隐患之一。驾驶人在疲劳时,其对周围环境的感知能力、形势判断能力和对车辆的操控能力都有不同程度的下降,因此很容易发生交通事故。统计数据表明,在2007—2008年我国直接由疲劳驾驶导致的死亡人数分别占机动车驾驶人交通肇事总死亡人数的11.35%、10.91%和12.5%,大约每年有9000人死于疲劳驾驶。因此,研究开发高性能的驾驶人疲劳状态实时监测及预警技术,对改善我国交通安全状况意义重大。

1. 驾驶人疲劳状态监测方法

驾驶人疲劳状态的检测方法,可大致分为基于驾驶人生理信号、基于驾驶人生理反应特征、基于驾驶人操作行为和基于车辆状态信息的检测方法。

2. 几种常见的疲劳驾驶检测方法的优劣(表3-1)

常见疲劳驾驶检测技术的性能比较　　表3-1

检测技术	描述	准确性	实时性	实用性	是否接触
基于生理信号的检测方法	主要监测脑电图、心电图、肌电图、呼吸效果、体温等	好	差	差	是
基于身体反应的检测方法	主要监测驾驶人头部变化、身体姿势、眼睛闭合时间、握力等	好	好	好	否
基于操控行为的检测方法	监测各种操作器如转向盘、加速器、制动装置、挡位等的变化	好	好	一般	否
基于汽车行为的检测方法	监测汽车本身的行为变化如速度、侧向加速度、侧向位移等	好	好	一般	否
基于数学模型的检测方法	根据以往的数据值和经验建立数学模型估计驾驶人的警觉度	差	差	差	否

(二)疲劳驾驶预警系统的硬件设计

驾驶人人脸图像数据的采集是整个疲劳驾驶预警系统的基础,为后续工作的完成提供硬件平台与保障。为了便于整个疲劳驾驶预警系统的开发设计,保证整个系统的稳定正常工作,故驾驶人的人脸图像的采集和存储作为一个单独的子系统,并实现子系统与主机之间数据传输与控制信息的通信。

1. 系统的总体设计

系统整体设计框架如图3-8所示。

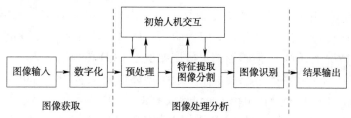

图3-8 视觉系统工作流程图

并结合对照课题研究内容将其分为三部分：
(1) 驾驶人的人脸图像信息的采集与存储。
(2) 图像的处理(包括人脸检测及人眼定位)。
(3) 疲劳驾驶判定及预警。

系统的流程图如图3-9所示。

2. 图像采集子系统设计框架

该子系统的主要目的是完成图像数据的采集及存储,并实现与主处理器之间的控制信息通信及数据传输。该子系统不需要完成数据处理这一复杂的过程,因而使用逻辑控制器就可以实现这一功能。选用双储存器交替方式,如图3-10所示。

3. 图像传感器的选择

图像传感器作为整个系统的输入信号源,其新性能以及获取的图像质量对后续工作具有决定性影响。目前图像采集主要有两种方式：CCD视频图像信号采集方式和COMS图像传感器图像采集方式。

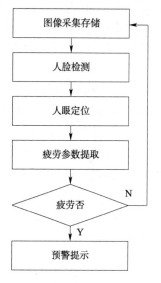

图3-9 疲劳驾驶预警系统的流程图

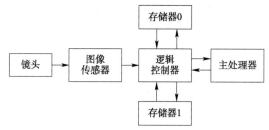

图3-10 图像采集子系统结构图

两者都是利用感光二极管(Photodiode)进行光电转换,将图像转换为数字数据,而其主要差异是数字数据传送的方式不同。CCD传感器中每一行中每一个像素的电荷数据都会依次传送到下一个像素中,由最底端部分输出,再经由传感器边缘的放大器进行放大输出;而在CMOS传感器中,每个像素都会邻接一个放大器及A/D转换电路,用类似内存电路的方式将数据输出。造成这种差异的原因在于：CCD的特殊工艺可保证数据在传送时不会失真,因此各个像素的数据可汇聚至边缘再进行放大处理;而CMOS工艺的数据在传送距离较长时会产生噪声,因此,必须先放大,再整合各个像素的数据。

由于数据传送方式不同,因此 CCD 与 CMOS 传感器在效能与应用上也有诸多差异,这些差异包括:

(1)灵敏度差异:由于 CMOS 传感器的每个像素由四个晶体管与一个感光二极管构成(含放大器与 A/D 转换电路),使得每个像素的感光区域远小于像素本身的表面积,因此在像素尺寸相同的情况下,CMOS 传感器的灵敏度要低于 CCD 传感器。

(2)成本差异:由于 CMOS 传感器采用一般半导体电路最常用的 CMOS 工艺,可以轻易地将周边电路(如 AGC、CDS、Timing Generator 或 DSP 等)集成到传感器芯片中,因此可以节省外围芯片的成本;除此之外,由于 CCD 采用电荷传递的方式传送数据,只要其中有一个像素不能运行,就会导致一整排的数据不能传送,因此控制 CCD 传感器的成品率比 CMOS 传感器困难许多,即使有经验的厂商也很难在产品问世的半年内突破 50% 的水平,因此,CCD 传感器的成本会高于 CMOS 传感器。

(3)分辨率差异:如上所述,CMOS 传感器的每个像素都比 CCD 传感器复杂,其像素尺寸很难达到 CCD 传感器的水平,因此,当我们比较相同尺寸的 CCD 与 CMOS 传感器时,CCD 传感器的分辨率通常会优于 CMOS 传感器的水平。

(4)噪声差异:由于 CMOS 传感器的每个感光二极管都需搭配一个放大器,而放大器属于模拟电路,很难让每个放大器所得到的结果保持一致,因此与只有一个放大器放在芯片边缘的 CCD 传感器相比,CMOS 传感器的噪声就会增加很多,影响图像品质。

(5)功耗差异:CMOS 传感器的图像采集方式为主动式,感光二极管所产生的电荷会直接由晶体管放大输出,但 CCD 传感器为被动式采集,需外加电压让每个像素中的电荷移动,而此外加电压通常需要达到 12~18V;因此,CCD 传感器除了在电源管理电路设计上的难度更高之外(需外加 power IC),高驱动电压更使其功耗远高于 CMOS 传感器的水平。

综上所述,虽然 CCD 传感器在灵敏度、分辨率、噪声控制等方面都优于 CMOS 传感器,但考虑到低成本、低功耗以及高整合度的要求,COMS 传感器更能胜任这个系统图像采集的要求,因此,系统采用美国 Omnivision 公司研制的 OV7640 图像传感器。OV7640 内部集成了图像传感器阵列、时钟发生器、模拟信号处理、A/D 转换、数据输出格式控制、数字视频端口、SCCB 接口等功能模块,可以实现自动曝光控制、自动白平衡、自动增溢控制、自动亮度控制。运用传感器技术,能够消除普通的光电干扰,例如噪声、灯光闪烁等,输出清晰稳定的图像。其功能包括:图像数据阵列、时钟发生器、模拟处理块、A/D 转换器、输出各式器、数字视频端口和 SCCB 接口。

(三)人脸检测与人眼定位

数字图像处理是整个系统的关键部分。对采集到的人脸数据的处理结果,直接影响到疲劳驾驶的识别情况,进而决定整个系统的工作情况。系统设计时对图像进行预处理,增强并提取需要的相关信息,最终以判断人眼是否闭合为目的。

(四)疲劳驾驶判定及预警

疲劳驾驶识别是整个系统的目的。眼睛的运动及状态集中反映了驾驶人的疲劳状态,并依据一定的方法和标准可用于疲劳驾驶的判定及预警。

三、新能源汽车自适应照明系统

(一) 新能源汽车自适应照明系统

灯光控制系统是保证汽车安全行驶的一个重要系统。传统的灯光控制系统多采用继电器和独立模式控制,这使得车内线束过多且布线复杂,会引起严重的电磁干扰,使系统的可靠性下降。

CAN(Controller Area Network)数据总线是一种适用汽车环境的汽车局域网。它能够很好地解决这个问题,它具有较高的传输速度,主要是针对汽车中对实时性要求很高的动力系统而设计的。利用 CAN 总线,不仅能简化线束,而且还能大大降低车辆的故障率。基于 CAN 总线的灯光控制系统,就很好用利用 CAN 总线的优势,发挥车灯的最大性能。

如图 3-11 所示。利用 CAN 总线通信协议建立汽车灯光(前照灯)控制系统的局域网(对于汽车其他灯光可以按照同样道理设计而成,只需要多加几个通信的节点),控制的灯光有:远光灯、近光灯、示宽灯、雾灯、转向灯。通过 CAN 总线实现上述灯光的开和闭的控制。

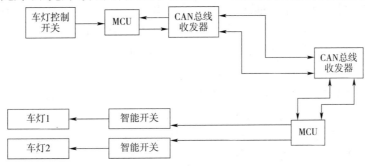

图 3-11 CAN 总线控制的汽车灯光系统

(二) 电池信息显示

电池信息的显示,一直是电池管理系统的重要功能之一。通过仪表,电动汽车电池管理系统能够把电池当前的状态告知相关人员。

汽车仪表上所显示的电池信息:

电动汽车仪表上所要显示的电池信息大致可以分为以下三类。

1) 正常行车状态下需要显示的信息

在电动汽车行车过程中,需要为驾驶人提供的信息主要包括:电池温度信息,电池组的总电压、电流信息,剩余电量信息,预估剩余里程信息等。这些信息的刷新率不需要太高,如电压、电流信息,每秒刷新一次,而剩余电量信息每 10s 刷新一次,对于驾驶人而言完全足够了。这样并不会对电池管理系统的 BCU 造成过多的负担。

2) 正常的驻车充电信息

在电动汽车停车、插上充电插头以后,将开始对动力电池组进行充电。此时,需要通过仪表向驾驶人传达相关的充电信息,如电池组总电压、温度信息,充电电流大小的信息,剩余电量信息,预计充电结束时间信息等。对于比较高级的电池管理系统,还需要显示充电模式信息,如快充模式、慢充模式、是否加入均衡控制等信息。以上信息的显示,同样对刷新率要求不高,刷新率在1~10s都是可以接受的范围。

3) 危险告警信息

无论在行车过程中还是在驻车充电过程中,若电池管理系统监测到异常情况,都应该通过仪表向驾驶人或者操作员及时报告。这些告警信息包括过电压告警,过电流告警,过温度告警,剩余电量不足告警等。还包括一些故障失效信息,例如通信网络失效,自检失效等。此时不仅需要通过显示的方式告警,可能还需要结合声音告警等手段。

(三) 电池管理系统

电池管理系统是集监测、控制与管理为一体的、复杂的电气测控系统,也是电动汽车商品化、实用化的关键。电池管理的核心问题就是SOC的预估问题,电动汽车电池操作窗SOC的合理范围是30%~70%,这是保证电池寿命和整体的能量效率至关重要。电动汽车在运行时,电池的放电和充电均为脉冲工作模式,大的电流脉冲可能会造成电池过充电(超过80%SOC)、深放电(小于20%SOC)甚至过放电,因此电动汽车的控制系统一定要对电池的荷电状态敏感,并能够及时做出准确的调整,这样电池管理系统才能根据电池容量决定电池的充放电电流,从而实施控制。根据每块电池容量的不同识别电池组中各电池间的性能差异,并以此做出均衡充电控制和电池是否损坏的判断,确保电池组的整体性能良好,延长电池组的寿命。

电池管理系统作为电动汽车中的一个重要部件,需要通过车载通信网络与车上的其他控制单元进行信息交互。根据每辆汽车的硬件设计以及软件控制策略的不同,系统外的信息交互对象可能存在较大的差异,一些常见的对象有:整车控制器、电机控制器、汽车仪表、充电机等。表3-2列举的是在某电动汽车中,电池管理系统与其他控制单元之间进行信息交互的内容以及信息流向。

某电动汽车BMS系统外信息交互内容及流向   表3-2

信息交互的内容	信息流向
电池组整体状态信息(总电压、总电流等)	BMS→整车控制器
	BMS→电机控制器
	BMS→汽车仪表板
电池组最大允许放电电流信息	BMS→整车控制器
	BMS→电机控制器
电池组安全告警信息	BMS→整车控制器
	BMS→汽车仪表板
高压预充电信息	电机控制器→BMS
充电请求信息	BMS→整车控制器
充电允许信息	整车控制器→BMS
充电电压、电流控制信息	BMS→充电机
充电机运行信息	充电机→BMS

准确和可靠的获得电池 SOC,是电池管理系统中最基本和最首要的任务,在此基础上才能对电动汽车的用电进行管理,特别是防止电池的过充电和过放电。电池的荷电状态时不能直接得到的,只能通过电池特性——电压、电流、电池内阻、温度等参数来推断。这些参数与 SOC 的关系不是简单的对应关系。

电池管理系统是电动汽车的关键组成模块,电池管理系统的功能包括:

(1)实时采集电池系统运行状态参数。实时采集电动汽车电池组中的每块电池的端电压和温度、充放电电流以及电池组总电压等。由于电池组中的每块电池在使用中的性能和状态不一致,因而对每块电池的电压、电流和温度数据都要进行检测。

(2)确定电池的 SOC。准确估测动力电池组中的 SOC。从而随时预报电动汽车储能电池还剩余多少能量或储能电池的 SOC,使电池的 SOC 值控制在 30%~70%。

(3)故障诊断与报警。当电池电量过低需要充电时,及时报警,以防止电池过放电而损害电池的使用寿命;当电池组因为温度过高而非正常工作时,及时报警,以确保电池正常工作。

(4)电池组的热平衡管理。电池组的热平衡管理是电池管理系统的有机组成部分,其功能是通过风扇冷却系和热电阻加热装置使电池温度处于正常工作温度范围内。

(5)一次性补偿。当电池之间有差异时,有一定措施进行补偿,保证电池组表现能力更强,并有一定的手段来显示性能不良的电池位置,以便修理替换。一般采用充电补偿功能。设计有旁路分流电路,以保证每个单体都可以充满电,这样可以延迟电池老化的进度,延长电池的使用寿命。

(6)通过总线实现各检测模块和中央处理单元的通信。在电动汽车上实现电池管理的难点和关键在于如何根据采集的每块电池的电压、温度和充放电电流的历史数据,建立确定每块电池剩余能量的较精确的数学模型,即准确估计电动汽车电池的荷电状态。目前主要是根据实际情况,确定具体电动汽车的电池管理系统的功能和形式。

(四)电动汽车组合仪表相关知识

与传统汽车组合仪表一样,电动汽车组合仪表显示的内容包括表头(指针)显示和报警(指示灯)显示两部分。

1. 指针显示(表 3-3)

一般传统汽车组合仪表显示的内容包括(发动机)转速表、车速表、燃油表、冷却液温度表等,纯电动汽车因为没有发动机,所以没有发动机转速表、冷却液温度表、燃油表,但需要相应地增加电机转速表、电流表、电压表和剩余电量表这些与纯电动相关的信息表。

(1)转速表。用于显示电动机的即时转速,一般在 10000r/min 以上。

(2)车速表与传统汽车一致,用于显示汽车的车速。

(3)荷电状态表。显示动力蓄电池的剩余工作容量,用符号"SOC"表示,显示动力蓄电池剩余电量与总容量的百分比。其与动力蓄电池的放电率、工作环境温度和电池的老化程度有关。当 SOC 低于某一规定值,应当报警。

(4)电压表。用来测量(显示)动力蓄电池的电压。在组合仪表的标度盘上应标示出恰当的工作电压范围,通常电压在 300V 以上。

组 合 仪 表 表3-3

名　　称	标识	颜色	控制方式
制动故障指示	(!)	红色	硬件(负极)
安全带报警指示	🧍	红色	硬件(负极)
驻车制动指示	(P)	红色	硬件(负极)
ABS指示	(ABS)	黄色	硬件(正极、高阻)
充电指示	🔋	红色	硬件(负极)
安全气囊指示	🧍	红色	硬件(负极)
门开指示	🚗	红色	硬件(负极)
远光指示	≡D	蓝色	硬件(正极)
后雾灯指示	D	黄色	硬件(正极)
左转向指示	←	绿色	硬件(正极)
右转向指示	→	绿色	硬件(正极)
倒车指示	R	绿色	硬件(正极)
后除霜指示	)))	黄色	硬件(正极)
运行准备就绪	READY	绿色	低电平有效
动力电池充电状态	⛽	黄色	低电平有效
电机及控制器过热	🔥	红色	低电平有效
系统故障	🚗	红色	低电平有效
动力蓄电池故障	🔋!	红色	低电平有效

(5)电流表。电流表测量(显示)动力蓄电池的电流。在组合仪表的标度盘上应规定准确的0位置,对于具有再生制动功能的车辆,在标度盘0位置的两个方向上都应标示出正常工作电流的范围,负电流表示能量回收。

2.报警(指示灯)显示

报警及信号指示装置用来告知驾驶人有关电驱动系统和动力蓄电池正确操作条件的信息,习惯上称作某某报警指示灯。电动汽车组合仪表中常用的报警指示灯有:运行准备就绪、过热、超速、剩余容量低限、绝缘电阻、驱动控制器就绪、能量回馈故障、停车指示、充电指示、互锁指示、系统故障、动力蓄电池故障等。

(1)运行准备就绪指示灯点亮,表示整车控制器已经准备就绪,踩下加速踏板即可向驱动系统供电。

(2)动力电池充电状态当充电器向动力蓄电池充电时,指示灯点亮,表示当前处于充电状态,不可行车。

(3)电机及控制器过热指示灯点亮,表示电机及其控制器温度过高(限值),此时如果继续行车将对车辆安全性或性能造成严重影响。

(4)系统故障指电机系统故障。如果电机系统有故障,其控制器向整车控制器发送故障码,此时指示灯点亮。

(5)动力电池故障指动力电池有电池管理系统定义的故障码,或当前电池容量过低时,指示灯点亮。

技能实训

混合动力汽车自适应照明系统的诊断

(一)准备工作

(1)场地设施:举升机、装有尾气抽排系统和消防设施的场地。

(2)设备设施:丰田卡罗拉混动版轿车、车轮挡块、防护套件、智能诊断仪

(二)实训过程

(1)安装车内及车外车辆防护套件。

(2)安装尾气抽排管。

(3)安装车轮挡块。

(4)打开驾驶侧车门,确认驻车制动。

(5)拆下前保险杠。

(6)拆下旋转投射单元,如图3-12所示。

(7)检测可移动挡板,如图3-13所示。

(8)安装旋转投射单元。

(9)安装保险杠总成。

（10）收起车内及车外车辆防护套件。
（11）收起尾气抽排管。
（12）收起车轮挡块。

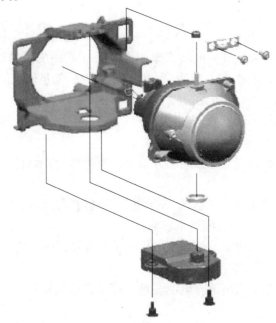

图3-12　旋转投射单元分解图

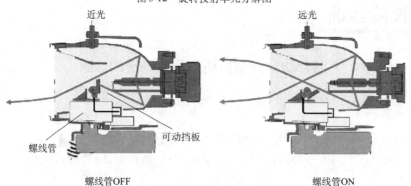

图3-13　移动挡板示意图

（1）掌握新能源汽车车道偏离系统结构和工作原理。
（2）掌握新能源汽车的疲劳预警系统结构和工作原理。
（3）掌握新能源汽车的自适应照明系统结构和工作原理。
（4）完成新能源汽车技能实训报告。

思考与练习

（一）判断题

1. 车道偏离预警技术从2000年开始。（   ）
2. 带有车道偏离预警技术的车不可关闭该功能。（   ）
3. 车道偏离预警技术属于安全技术。（   ）
4. 车道偏离预警技术不需要图像传感器。（   ）
5. 图像传感器在车道偏离预警技术里属于辅助信号。（   ）
6. 变道辅助系统（Lane Assist），即车道偏离预警系统。（   ）
7. 国内车道偏离预警系统具有代表性的有JLUVA-1系统和基于DSP技术的嵌入式车道偏离报警系统。（   ）
8. 车道偏离预警不具有实时性。（   ）
9. 车道偏离预警不具有误差范围。（   ）
10. 人脸识别系统必须采用高清摄像头进行监测。（   ）
11. 虹膜识别技术无须采用摄像头进行监测。（   ）
12. 疲劳驾驶可根据驾驶人的脑电图进行判断。（   ）
13. 图像传感器图像采集主要有两种方式。（   ）
14. 电机及控制器过热指示灯点亮，表示电机及其控制器温度过高（限值），此时如果继续行车将对车辆安全性或性能造成严重影响。（   ）
15. 新能源型汽车车速表与传统汽车一致，用于显示汽车的车速。（   ）
16. 新能源汽车电池的SOC表示电池剩余电量。（   ）

（二）选择题

1. 不属于车道偏离预警优点的是（   ）。
   A. 实时性　　　　B. 准确性　　　　C. 可靠性　　　　D. 便携性
2. 不具备疲劳警示系统的车有（   ）。
   A. 雪铁龙C4　　　B. 雪铁龙C5　　　C. 雪铁龙C6　　　D. 雪铁龙C2
3. （   ）的升级优化可以提高变道辅助系统的准确性。
   A. 图像处理器　　B. 声音处理器　　C. 超声波处理器　D. 红外线处理器
4. 不属于车道偏离系统的有（   ）。
   A. AutoVue系统　B. Mobileye_AWS　C. COMS系统　　D. AURORA系统
5. DSS系统（Driver Support System）是（   ）公司推出。
   A. 日本三菱　　　B. 美国通用　　　C. 日本丰田　　　D. 德国大众
6. DSS系统（Driver Support System）诞生于（   ）年。
   A. 1999　　　　　B. 1998　　　　　C. 1899　　　　　D. 1982
7. 与传统汽车相比，新能源汽车仪表多了（   ）显示。

A. 电池电压　　　　B. 单体电池数量　　　C. 单体电池温度　　　D. 电池模组数量

8. 新能源汽车照明系统使用（　　）供电。

A. 动力电池　　　　　　　　　　　B. 低压电池

C. 发电机电量　　　　　　　　　　D. 动力电池加低压蓄电池

9. 疲劳驾驶预警系统（BAWS）包括（　　）功能。

A. 定速巡航　　　　B. 倒车影像　　　　　C. 自动泊车　　　　　D. 疲劳监测

10. 当检测到驾驶人（　　）异常时，不进行提醒。

A. 行为监测　　　　B. 无长时间驾驶　　　C. 生命体征　　　　　D. 生理反应

（三）简答题

1. 车道偏离预警系统的定义是什么？
2. 疲劳驾驶监测方法有哪些？
3. BMS 的作用是什么？

参 考 文 献

[1] 胡骅,宋慧. 电动汽车[M]. 北京:人民交通出版社,2006.
[2] 王贵明,王金懿. 电动汽车及其性能优化[M]. 北京:机械工业出版社,2010.
[3] 麻友良,严云兵. 电动汽车概论[M]. 北京:机械工业出版社,2012.
[4] 王震坡,孙逢春. 电动车辆动力电池系统及应用技术[M]. 北京:机械工业出版社,2012.
[5] 林程,韩冰. 北京市电动汽车技术培训教程[M]. 北京:北京理工大学出版社,2012.
[6] 王志福,张承宁. 电动汽车电驱动理论与设计[M]. 北京:机械工业出版社,2012.
[7] 王震坡. 电动汽车原理与应用技术[M]. 北京:机械工业出版社,2014.

人民交通出版社汽车类高职教材部分书目

书　号	书　名	作　者	定　价	出版时间	课　件
一、高职高专工学结合课程改革规划教材					
978-7-114-09233-6	机械制图	李永芳、叶　钢	36.00	2014.07	有
978-7-114-11239-3	■汽车实用英语（第二版）	马林才	38.00	2016.12	有
978-7-114-10595-1	汽车结构与拆装技术（上册）	崔选盟	55.00	2015.01	有
978-7-114-11712-1	汽车结构与拆装技术（下册）	周林福	59.00	2014.12	有
978-7-114-11741-1	汽车使用与维护	王福忠	38.00	2016.11	有
978-7-114-09499-6	汽车维修企业管理基础	刘　焰、田兴强	30.00	2015.07	有
978-7-114-13667-2	服务礼仪（第二版）	刘建伟	24.00	2017.05	有
978-7-114-09588-7	汽车传动系统检测诊断与修复	秦兴顺、刘　成	28.00	2016.08	有
978-7-114-09497-2	汽车行驶、转向和制动系统检测诊断与修复	宋保林	23.00	2016.01	有
978-7-114-09385-2	汽车电路和电子系统检测诊断与修复	彭小红、陈　清	29.00	2014.12	有
978-7-114-14028-0	汽车保险与理赔（第二版）	陈文均、刘资媛	22.00	2017.08	有
978-7-114-09887-1	汽车维修服务接待	王彦峰、杨柳青	25.00	2017.06	有
978-7-114-14015-0	客户沟通技巧与投诉处理（第二版）	韦　峰、罗　双	24.00	2017.09	有
978-7-114-09225-1	汽车维修服务企业管理软件使用	阳小良、廖　明	30.00	2017.08	有
978-7-114-09603-7	汽车车身构造与修复	李远军、陈建宏	38.00	2016.12	有
978-7-114-09259-6	保险法律法规与保险条款	曹云刚、彭朝晖	30.00	2016.07	有
二、交通职业教育教学指导委员会推荐教材、高等职业教育规划教材					
1. 汽车运用技术专业					
978-7-114-11263-8	■汽车电工与电子基础（第三版）	任成尧	46.00	2017.06	有
978-7-114-11218-8	■汽车机械基础（第三版）	凤　勇	46.00	2017.05	有
978-7-114-11495-3	汽车发动机构造与维修（第三版）	汤定国、左适够	39.00	2017.05	有
978-7-114-11245-4	■汽车底盘构造与维修（第三版）	周林福	59.00	2016.11	有
978-7-114-11422-9	■汽车电气设备构造与维修（第三版）	周建平	59.00	2017.06	有
978-7-114-11216-4	■汽车典型电控系统构造与维修（第三版）	解福泉	45.00	2016.01	有
978-7-114-11580-6	汽车运用基础（第三版）	杨宏进	28.00	2017.05	有
978-7-114-09167-4	汽车电子商务（第二版）	李富仓	29.00	2017.06	
978-7-114-13916-1	汽车专业资料检索（第二版）	张琴友	32.00	2017.08	
978-7-114-11215-7	■汽车文化（第三版）	屠卫星	48.00	2016.09	有
978-7-114-11349-9	■汽车维修业务管理（第三版）	鲍贤俊	27.00	2016.12	有
978-7-114-11238-6	■汽车故障诊断技术（第三版）	崔选盟	30.00	2017.11	有
978-7-114-14078-5	汽车维修技术（第二版）	刘振楼	25.00	2017.08	有
978-7-114-14098-3	汽车检测诊断技术（第二版）	官海兵	27.00	2017.09	有
2. 汽车技术服务与营销专业					
978-7-114-11217-1	■旧机动车鉴定与评估（第二版）	屠卫星	33.00	2017.07	有
978-7-114-14102-7	汽车保险与公估（第二版）	荆叶平	36.00	2017.09	有
978-7-114-08196-5	汽车备件管理	彭朝晖	22.00	2016.08	
978-7-114-11220-1	■汽车结构与拆装（第二版）	潘伟荣	59.00	2016.04	有
978-7-114-07952-8	汽车使用与维修	秦兴顺	40.00	2017.08	
978-7-114-08084-5	汽车维修服务	戚叔林	23.00	2015.08	
978-7-114-11247-8	■汽车营销（第二版）	叶志斌	35.00	2016.04	有
3. 汽车整形技术专业					
978-7-114-11377-2	■汽车材料（第二版）	周　燕	40.00	2016.04	有
978-7-114-12544-7	汽车钣金工艺	郭建明	22.00	2015.11	有
978-7-114-12311-5	汽车涂装技术（第二版）	陈纪民、李　扬	33.00	2016.11	有

书　号	书　名	作　者	定　价	出版时间	课　件
978-7-114-09094-3	汽车车身测量与校正	郭建明	22.00	2016.12	
978-7-114-11595-0	汽车车身焊接技术（第二版）	李远军、李建明	28.00	2016.04	有
978-7-114-13885-0	汽车车身修复技术（第二版）	韩星、陈勇	29.00	2017.08	有
978-7-114-12143-2	车身结构及附属设备（第二版）	袁杰	27.00	2017.06	有
978-7-114-13363-3	汽车涂料调色技术	王亚平	25.00	2016.11	有
	4. 汽车制造与装配技术专业				
978-7-114-12154-8	汽车装配与调试技术	刘敬忠	38.00	2015.06	
978-7-114-12734-2	车身焊接技术	宋金虎	39.00	2016.03	有
978-7-114-12794-6	汽车制造工艺	马志民	28.00	2016.04	有
978-7-114-12913-1	汽车AutoCAD	于宁、李敬辉	22.00	2016.06	有
	三、21世纪交通版高职高专汽车专业教材				
978-7-114-10520-3	汽车概论	巩航军	29.00	2016.12	有
978-7-114-10722-1	发动机原理与汽车理论（第三版）	张西振	29.00	2017.08	有
978-7-114-10333-9	汽车维修企业管理（第三版）	沈树盛	36.00	2016.05	有
978-7-114-13831-7	汽车空调构造与维修（第二版）	杨柳青	30.00	2017.08	有
978-7-114-12421-1	汽车柴油机电控技术（第二版）	沈仲贤	26.00	2015.10	有
978-7-114-11428-1	汽车使用与技术管理（第二版）	雷琼红	33.00	2016.01	有
978-7-114-11729-9	汽车保险与理赔（第四版）	梁军	32.00	2015.12	有
978-7-114-08934-3	汽车发动机机械系统检修（第二版）	林平	35.00	2017.06	有
978-7-114-08942-8	汽车底盘机械系统检修（第二版）	陈建宏	39.00	2017.06	有
978-7-114-14077-8	汽车运行材料（第二版）	崔选盟	25.00	2017.09	有
978-7-114-13874-4	汽车底盘电控系统检修（第二版）	张立新、屈亚锋	32.00	2017.07	有
978-7-114-13753-2	汽车维修技术基础（第二版）	刘毅	32.00	2017.07	有
978-7-114-14091-4	汽车使用性能与检测技术（第二版）	巩航军	30.00	2017.09	有
978-7-114-09961-8	汽车构造	沈树盛	54.00	2017.03	有
	四、高等职业教育"十三五"规划教材				
978-7-114-10280-6	汽车零部件识图	易波	42.00	2014.10	有
978-7-114-09635-8	汽车电工电子	李明、周春荣	39.00	2012.07	有
978-7-114-10216-5	汽油发动机构造与维修	刘锐	49.00	2016.08	有
978-7-114-09356-2	汽车底盘构造与维修	曲英凯、刘利胜	48.00	2016.12	有
978-7-114-09988-5	汽车维护（第二版）	郭远辉	30.00	2014.12	有
978-7-114-11240-9	■车载网络系统检修（第三版）	廖向阳	35.00	2017.11	有
978-7-114-10044-4	汽车车身修复技术	李大光	24.00	2016.12	有
978-7-114-12552-2	汽车故障诊断技术	马金刚、王秀贞	39.00	2017.05	有
978-7-114-09601-3	汽车营销实务	史婷、张宏祥	26.00	2016.05	有
978-7-114-13679-5	新能源汽车技术（第二版）	赵振宁	38.00	2017.03	有
978-7-114-08939-8	AutoCAD辅助设计	沈凌	25.00	2011.04	有
978-7-114-13068-7	汽车底盘电控系统检修	蔺宏良、张光磊	38.00	2016.08	有
978-7-114-13307-7	汽车发动机电控系统检修	彭小红、官海兵	35.00	2016.11	有
	五、新能源汽车技术专业职业教育创新规划教材				
978-7-114-13806-5	新能源汽车概论	吴晓斌、刘海峰	28.00	2017.06	有
978-7-114-13778-5	新能源汽车高压安全与防护	赵金国、李治国	30.00	2017.05	有
978-7-114-13813-3	新能源汽车动力电池与驱动电机	曾鑫、刘涛	39.00	2017.06	有
978-7-114-13822-5	新能源汽车电气技术	唐勇、王亮	35.00	2017.06	有
978-7-114-13814-0	新能源汽车维护与故障诊断	包科杰、徐利强	33.00	2017.06	有

■为"十二五"职业教育国家规划教材。咨询电话：010-85285962、85285977；咨询QQ：616507284、99735898。